武当熊门传人孙祥官简介

孙祥官，又名孙先觉，生于1913年2月8日，卒于1987年冬月，享年74岁，湖北天门胡市人氏，门号孙广发。孙祥官先生自幼习武，勤学苦练，在武汉国术馆学艺经年，对武当熊门武功、少林洪门功夫等深有研究，一生以习武授徒、治病救人为生计，行走大江南北。特别是在湖北的天门、应城、安陆、京山、汉川等地，授徒数千人，江湖人称“孙半侠”。

孙祥官先生武德高尚，授徒宗旨：“传人须传真君子，授徒必教大丈夫”！巧令好色者不教，忘恩负义者不传，提倡尊师重道，尊师如尊天伦，习武之人以强身健体、除暴安良、防身自卫为目的。把毕生所学武艺，发扬光大，用自己的心血自绘、自写、自著武学心得。亲自抄录出了武当熊门唐手拳、七星活气功、太子罗汉拳、少林拳术单练、对打，器械单练、对练的手写本，为现代武术教学和传承做出了积极的宝贵贡献。

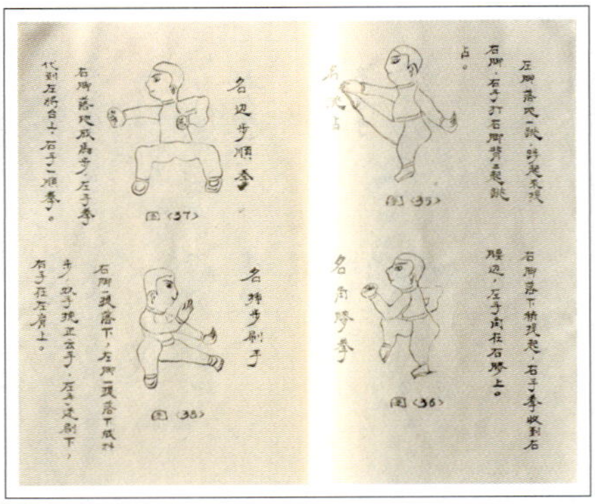

（一）

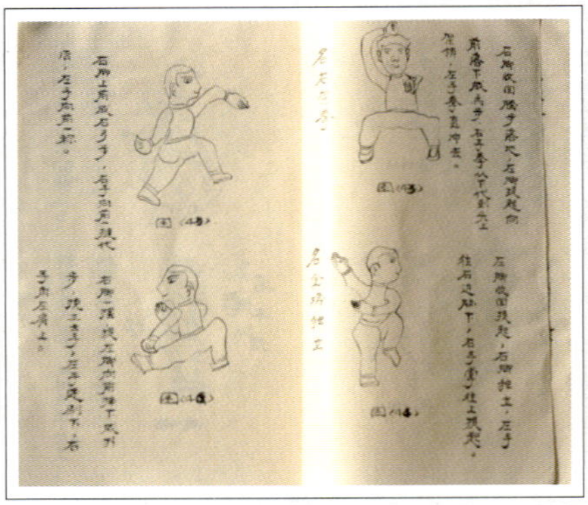

（二）

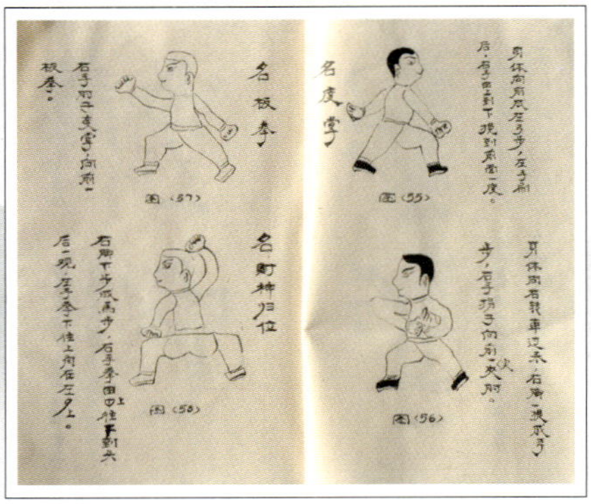

（三）

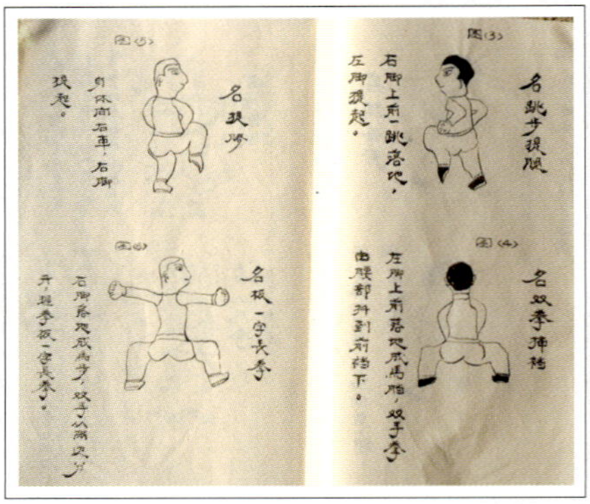

（四）

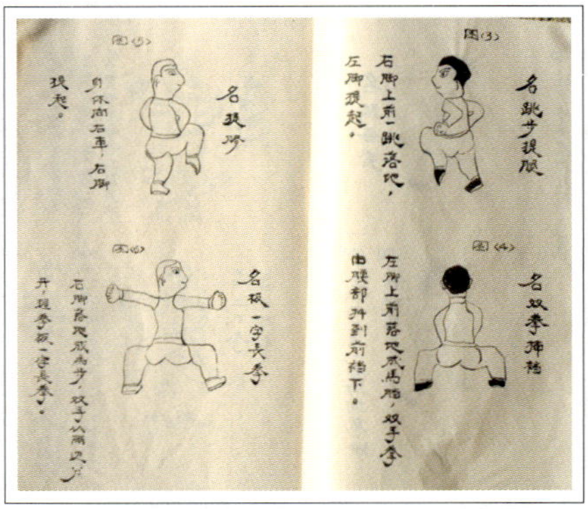

（五）

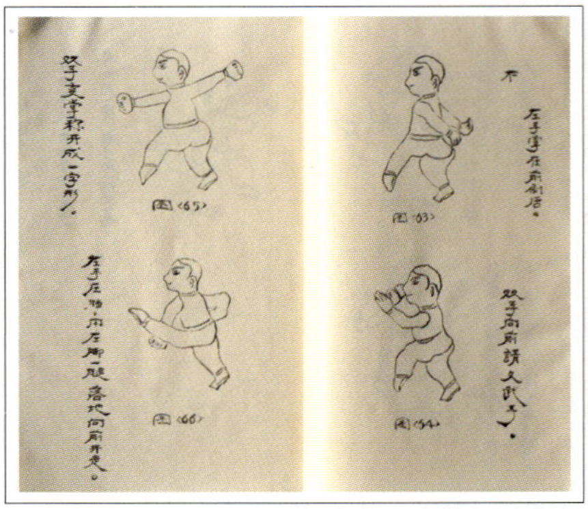

（六）

武当熊门部分手抄资料

器械对练

武当熊门手抄拳谱

武当熊门传承人孙祥安

武当熊门传承人云祥兆

武当熊门传承人臧重光

武当熊门传承人胡柏树

武当熊门传承人孙阳平

武当熊门传承人刘涛

器械对练

武当熊门传承人李又发

武当熊门传承人汪汉平

对练

武当熊门传承人培训基地

武当熊门传承人合影

图片摄影：蒋剑

扫一扫
看熊门功夫视频

荆楚武术丛书

武当熊门功夫秘典

蒋剑 臧重光◎编著

长江出版传媒
Changjiang Publishing & Media
湖北科学技术出版社
HUBEI SCIENCE & TECHNOLOGY PRESS

图书在版编目（CIP）数据

武当熊门功夫秘典 / 蒋剑，臧重光编著 . -- 武汉：湖北科学技术出版社，2019.10

ISBN 978-7-5706-0808-9

Ⅰ . ①武… Ⅱ . ①蒋… ②臧… Ⅲ . ①武当山—武术—基本知识 Ⅳ . ① G852

中国版本图书馆 CIP 数据核字 (2019) 第 259679 号

WUDANG XIONGMEN GONGFU MIDIAN

责任编辑：谭学军　徐　竹　　封面设计：胡　博

出版发行：湖北科学技术出版社　　电话：027-87679468

地　　址：武汉市雄楚大街268号　　邮编：430070

（湖北出版文化城B座13-14层）

网　　址：http：//www.hbstp.com.cn

印　　刷：武汉中科兴业印务有限公司　　邮编：430071

700 × 1000　1/16　14印张　8插页　200千字

2020年1月第1版　　2020年1月第1次印刷

定价：36.00元

序一

饮水思源，不忘师恩

我的恩师孙祥官先生生于1913年2月8日，卒于1987年冬月，享年74岁。

恩师自幼习武，勤学苦练，在武汉国术馆学艺经年，对武当熊门武功、少林洪门功夫等深有研究，一生以习武授徒、治病救人为生计，行走大江南北。特别是在湖北的天门、应城、安陆、京山、汉川等地，授徒数千人，江湖人称“孙半侠”。

恩师武德高尚，授徒宗旨：“传人须传真君子，授徒必教大丈夫！”巧令好色者不教，忘恩负义者不传，提倡尊师重道，尊师如尊天伦，习武之人以强身健体、除暴安良、防身自卫为目的。

恩师把毕生所学武艺，发扬光大，用自己的心血自绘、自写、自著武学心得。亲自抄录出了武当熊门唐手拳、七星活气功、太子罗汉拳、少林拳术单练、对打，器械单练、对练的手写本，为现代武术教学和传承做出了不可磨灭的宝贵贡献。

他为人宽厚，善于学习，能文能武，不骄不躁，平易近人，不以强欺弱，不高傲自大，不图名利。授徒以身示范，毫不保守，倾囊相授！

总之，恩师德高望重，文武合一，医术高明，是世之少有的武林高人。

恩师，弟子们永远铭记您、怀念您！

嫡传弟子：臧重光

2019年秋日于湖北天门胡市

序二

武林隐世，大道先觉

我的恩师孙祥官，又名孙先觉。生于 1913 年 2 月 8 日，湖北天门胡市人氏，门号孙广发，他还有个兄弟长叫孙长官。父母早逝。

孙祥官先生 6 岁时就随自家幺叔孙培青（当地武术名师）一起生活，孙培青师傅以传武为生，行走于江湖。孙祥官就随幺叔习武练功，主要学习了武当熊门功夫、七星活气功童子功、熊门总堂、二堂、三堂及四堂等拳术和多种器械。

10 岁，孙祥官随兄长孙长安下武汉，在武汉开酒馆。有一次，他兄长带他街上游玩，见武汉国术馆里有人习武练功，他停步不走，对哥哥提出了要拜师习武的要求，馆中师傅见他机灵可爱、求学心切，是块习武之料，问他练过武术没有？他如实谈了随幺叔学武之事，师傅叫他演示了一下，见他有一定的武术基础，乐意收其为徒。从此，他就开始在武汉国术馆正式随名师习武练功。

在武汉国术馆，师傅教授他少林洪门拳术、武松脱拷拳、燕青拳法、洪门手、青龙手、金刚手、子午拳、六合手、地趟手、天堂手等各种拳术套路。刀、枪、剑、棍、鞭、锤、匕首、虎头钩、戟等单手器械及各种双手器械对练，洪门拳术对练等也一一学会，逐渐精通起来，还苦练了少林罗汉功、太子罗汉拳等少林门的功夫。几年下来，十八般武艺，他悉得师父尽心传授，样样皆通皆能。由于当时战乱，多年后他和兄长返回天门胡市老家，其兄继续在当地开酒馆。他又跟随其幺叔闯荡江湖，以卖艺行医求生。

当时，应城汤池有一位沈宏烈司令在此地疗养，他也是一位武术爱好者，曾遍访周边的应城、安陆、天门、京山、汉川的名师，还召集他们来汤池比武切磋！

这些师傅都是练武当熊门功夫为主的，沈司令的十八般兵器没有人能全部玩下来。孙祥官师傅在武汉国术馆勤奋习武多年，有名家传授尽得各兵器武艺之真谛，加上年轻气盛，就果断上场把所有兵器拿起来逐一演示，样样虎虎生风，功夫了得。其精湛的武艺，博得拳师们阵阵喝彩。沈司令当场赠送珍爱的虎头双钩、双刀各一对，以示对他的尚武精神与高超武艺的敬佩与嘉奖。由于孙师傅功夫出众，为人清澈亮堂，很多拳师们纷纷愿意和他结拜为兄弟，排行称之为幺老九。

汤池附近有个叫孙旦湾的人，与孙师傅同族就拜他为师，聘请他去该村收徒教武两年，接着又被京山王二岭村的邓李坊聘请去传授武术五年，培养了王怀轩、王老九等一批高徒，他们的武艺在当地都很有名。

接着他又被应城丁家坝屋咀一姓丁的人士请去教武，丁家是几千户的大户人家。地方有名望的武术师傅有丁魁、黄甲中两位师傅。去的当天就与两位师傅切磋武艺起来。丁、黄两位师傅展示了各自看家的拳艺，轮到孙师傅上场演示，他的一套地趟拳法高低蹿蹦、腾空翻打，如一团烈火熊熊燃烧，拳脚虎虎生威，踢打尘土飞扬，震惊了在场的人们！两位地方的武术师傅也深受震撼。孙师傅在此地教武达四年，培养了一大批优秀武术弟子。后来由于当地当时不准聘师习武，孙师傅停止了一段时间的教学活动。

1960 年，通过人们的介绍，他又被聘请到汉川“走步头”的钟家大湾教武两年，之后又被天门的吕巷楼子台聘请去教学武术两年有余。

1969 年，天门胡市公议大队的五队通过群众大会决定，又把孙师傅从其女婿家请接回来，授徒习武。武术班开学的那天，师傅一套天堂手、两栽锤、一倒栽演练下来，在胡木城家的“三户头”枯地上打出了三个洞，围观者无不瞠目结舌，叹为奇观，惊诧其神功绝技如此之高深精妙！至此师父在李院又开始授徒教武，业余闲暇还上山采草药，治病救人，行医多年。

1982 年他又被前台村、小孙湾村聘请去教武一年余。复在胡市、胡周湾教武一年多。

1985 年，又被汉川的彭家咀聘请去传授武艺一年。

1987 年，被天门楼子台聘请授徒，此批从学徒弟全都成学。

师父闲来空时常常找寻来笔墨纸砚，于孤灯夜下奋笔疾书，把平生所学所会之武功，自编、自绘，辑录于纸上，整理装订成册，赠送给门内各嫡传弟子，以承其学。其尚武之心可究，传武意志之坚定，天地光芒日月可鉴。

在楼子台，师傅已身患直肠癌，经多处医治无效，于当年冬月与世长辞，享年 74 岁。

孙师傅回天门教出有名望的弟子有：臧重光、胡柏树、程树标、涂三毛、丁发中、孙阳平、孙祥安、鲁四平、孙如泉、云祥兆、宋公平、周国祥、李又发、汪汉平、胡守安、熊如意、杨畅、杨四平、袁立志等。

为了将孙师傅武学发扬光大，造福社会，奉献大家，近年来孙师傅的门内弟子几经开会研究商讨，如今集体做出重要决定，将师傅所传所授、所绘所录之宝贵书稿和武功贡献出来，委托蒋剑先生整理公开出版于世，以正先师一辈子穷尽武学、传播武学、奉献武学之大德和夙愿！

期望该书的出版，能够让更多的人来研习孙祥官师傅所传所授的武当门内武功，达到强健体魄、维护健康贡献社会、传承武术精神之目的！则不负家师毕生之宏愿大志。

女婿：云其祥

外甥女：云凤姣

2019年9月于湖北天门胡市

弘扬先辈宏愿大志，呈现古老武功秘法

（代前言）

蒋　剑

第一次到天门，看完一代武术宗师孙祥官先生嫡传弟子们的功夫，我感到震惊，并被感染了。

感动这些民间老师傅们还在练，还愿意传授他们师父的功夫。他们年龄都不小，功夫的确扎实，看来他们是苦过累过下过大功夫，是真正的武林传人。

那天午餐时，坐在我身边的臧重光和胡柏树两位师傅，朴实得就是个乡村的个老大爷，初次见面没感觉到他们有啥功夫的。可是饭后，他们 5 人乘兴轮番上演了一场功夫秀，顿时个个与众不同、非同凡响，拳脚厚实，令我惊讶。特别是 72 岁的胡柏树师傅，身强体壮，动如脱兔，哪像个 72 岁的老人？他就是本门的二师兄，据说现在还种着 40 亩农田呢。

回到武汉后没多久，孙祥官先生的嫡传大弟子臧重光先生给我寄来了他们师傅的近 20 本武学手抄本，文图并茂，实乃武学之宝贵资料，并给我寄来了授权委托书，委托我整理他们师傅的武学心血手抄本。研读孙祥官先生的武学笔记心得，我备受感动，决心要

把孙祥官先生的武学研读好、整理好，奉献给天下武术爱好者，让孙祥官先生一辈子的武术追求精神和武术精华流传在人间。

夜以继日，挑灯夜战。

流传的武术手抄本，有的地方文字晦涩难懂，仔细反复念白，才明白先人要表达的意图。更多的是同音字，但根据文法用语则是别字，于今看来是通假字、同音字或有的为错字，只有反复读出声来，顿悟出来原来手抄所写是说的这个意思，内心一下惊喜起来，因为越到后面越能读明白这些文字的意思，于是又回过头来再更正自己在前面表达不准确之处，力求达到正确理解和准确解读好原文。

前几天在朋友圈中发出本书将要出版的消息后，很多武友对本书的出版非常赞同和力挺！有了很多好友的鼓励和对本书的渴望，我真做到了为本书少睡觉加快干活，感觉内心生喜，虽累犹荣。

11 月上旬特地抽时间到天门拍摄，完成全书配图拍照。回来对 2300 多张照片抓紧抠图，花了 20 天时间完成全部抠图。截至 12 月 12 日下午，才把书稿全部配图工作一一对应地完成好了，初步统计了下正文武术动作配图达 1836 张，俨然一部武学巨著。

千言万语，感谢孙祥官先生对武术的高度责任感和用心记录，感谢天门这些师傅们的慷慨心境，把他们师傅的宝贵武学奉献出来，也要感谢湖北科学技术出版社致力传播湖北武术，决定把孙祥官老人的武学出版出来。

身为武林人，同心同德，共努力、同奋斗，发扬光大真功夫！

2019 年冬月于武汉汤逊湖畔

（湖北省武当太极拳协会会长、中华二指禅传人）

目 录 CONTENTS

上篇 武当熊门武学秘要

SHANGPIAN

家有黄金积玉楼　不如有艺在心头
传下武艺游天下　赤手空拳度春秋
胸中备养鱼生角　腹内常怀马化龙
若问老师名和姓　久住昆仑老山中

——
今自受业以来，稍得绝妙之法，非是咵谈自高成，恐此道遗失，尊久后传耳！

——孙祥官

第一节　武艺秘言

此艺历来不轻传，经言细语在里面。
重财轻义者不教，无义之徒决不谈。
攀高结贵人不教，巧言令色者不谈。
教人需教真君子，传人要传大丈夫。

练习武艺有一定规律，亦有一定的要诀。明确规律而不明要诀，是独行桃源而迷失方向，是船渡汪洋而失航路也。近世学习武术者多，而成玉器者少，其弊非由于此乎哉。

特录本师父所传练习各部之要，以供嗜武此术者之研习。孙祥官特录！

1 练心

心为耳目手足之主。心动则气息上浮，视听失所，手足失措，何能应变化，于伦理之间不能应敌。岳武穆说：运用之妙，一心是临敌而求，不乱之未也。心若不乱，则心有所守而不移，其真气冲于全身，然后视乎不乱，而若不见触炮声，而若不闻外乎独罹，而拳法之用无穷矣。

但练之法，各师、各家不同。余师所传以静养为主，以克欲为功，以万念俱消为研究。

每日武术之先，必面向东方静立半小时，静立时目视鼻端，耳听鼻气，开胸垂手，念起克欲，虽泰山崩于前，面色如常。麋鹿于左右而目不瞬，恒久如是，武术可得。

2 练气

未经国术之人，气粗多不沉静，偶有动作则呼吸如抽，而神混心乱，况临大敌乎？其能手功效也，于上下练手，悖者精求，此功不得不从气功入手，其操练之法颇易。每日晨起，开胸挺腰、站立马桩，足底前后着地，左右手叉腰、肋间，抛却万念，听气下行，直达丹田气海（脐下半寸），心中默数，每次默十数，倦则而止。日增加百余手，一身之气息匀齐，虚浮尽去矣。

然后手足之听至，即气之所至也。如常山蛇首尾则尾首相应，应用运用之妙，可胜言哉。

3 练力

练习国术，以尽去浮力，生发新力。为曰何为浮力？乃先原有之力也；何为新力？去尽原有之力，而生发新力之未也。如初练习手法时，动奋猛至，即觉四肢软弱，起立坐卧为难，正新陈代谢之时，切不可辍练，否则前功尽弃也。

4 练目

目为心之侦探，又为手足之先导，平日练习不可不特别注意。

其练法有二法：

一练法：每日早起，用清水一杯，或一盆水，眼珠直视水底，五分钟后用双手向眼拨水，而眼珠直视不闭，久视力增强，遇敌不乱，手法方不得虚发也。

二练法：每逢日月升起之时，由正立姿势，挺胸收腹，两掌直垂，怒目注视日月之光线，以便呼吸到日月精华，练习百日后，两目神光如雷电，不但临敌不乱，而精神充足，有病即祛也。

5 练手

练手之法有二，即练肘与练手是也。

一练法：练手练肘颇多，余师所传，以气功为君，以药功为臣，每日早起，站立马桩，再变为弓箭步，将左手并撑十次，使气运达指尖为度，撑毕，又往上下伸缩运动，至气血到指尖时，然后提竹条十至二十根，竹条的大小与写字水笔粗细，需用麻绳捆紧，向左手尺骨极力击打，初打百次为度，皮即变紫红色，左手练毕，右手照样而练，两手练毕，用药水洗一次。

练至九十天后，其气可达表皮，皮而骨已，坚如铁硬，恒练至数年后，偶遇棍类器械击来，可用手一迎折断之。一练指二练肘之先锋，全在临机活泼，坚如铁石，中敌不差毫分，然后对之。牵之擒之，以及拦格挑拨，每不奏效，但练之法须贵有恒。

二练法：初用粗米五升，以三尺高盛之，每日早起及晚睡觉时，站立箭桩，并手上下运动，便气运之手尖时，即插米中，由上下而行至手腕，每日以百次为度，至九十天改为细沙再练九十天，再改用粗沙练三年，功成后可与铁石争硬。

6 练足

练足之法有二练，练飞尖、练横腿。

练飞尖之练法：

踢沙包使往来不停，击踢二十次后，换足再踢。每次每足以九十次为度，但练时宜足手相应，练至两年后，遇人用器械击来不难破之也。

练横腿方法：

练横腿之法，用铁砂包贴于墙壁上或者悬吊，高与胸平齐。每日早起，舒气一口，送入丹田。一足横起从膝盖骨踢击，正中沙包，每足每次以九十次为度，练八浮沉之，每日站立马步或弓箭步，浮沉练法，先从沉力练起入手，每日练习各种步法，然后出足敏捷而稳固，击而准。不畏逼势可得，进攻之妙实沉功。如是再练浮功，日间在膝盖骨至胫下，再铁砂 2.5 ~ 5 千克，先用足于一尺（约 33 厘米）高平台纵起，跳纵之高下成立正，拳打足踢。

此列以上六种之练法，如练兵，然后以心为主帅，以目为先锋，以气力为士卒，各种练习精熟，然后运用自如才成为功夫，常操习必胜，学者不可不注意，恒练也。

第二节 崇道贵德

尊师如尊天伦，得此艺传安敢遗失，万不可轻予人观览，更不可松手予人抄录。故走笔而谨戒之，护之耳也。

宜教化武艺，为了备战备荒备乱事。学习武艺者，乃朝中之重用，文能安邦，武能定国。有人在学习中，朝夕也在武场混，混来混去混过身，有日与人相对敌，未临数合，自伤身者，实为习之不精，非传之不善耳。

第三节 攻守秘诀

凡敌之攻我，与我之攻敌，不离正面与侧面。

少林武当攻侧面，谓之踩黑门，又谓之踩边门。峨眉派谓之跨裆部。

攻正面，谓之入红门，又谓之进中宫。恒久入红踩黑之法，虽有千变万化之神要，不外乎少林寺澄慧禅师所传陈、拿、封、逼、吞、吐、浮、沉八法而已，等于数字加减乘除。

今释义八字

陈：设势诱敌之未也。如用兵，然陈列布阵，有虚实莫测之妙。

拿：然敌要害我，而拿其脉络，使其身体酸麻，头昏目眩，虽有千斤之力不能应用也。

封：封敌之手足，使他不能应用之也，不能活泼。

逼：逼紧敌这势，使其立足不住也。

吞：吞者后退，诱敌或避敌之步法，但此法熟，表面观之，全于守势，与攻无关。若有时与敌交手，不能侧其击之，高下挪进，恐受危险，必先进步一引手，急退为陈势，以待观敌防我所击之步法、手法如何，然后攻取之标准，是以退为进，以守为攻之法也。故攻守二法可用也。

吐：前式伸出为吐，乘之虚用，手与足击之。

浮：腾身纵跃为浮，设与敌人距离太远，不宜马步直进，因马步速度过缓，举动尽为浮散，不得不用凌空而下，迅疾如飞，使守不及之未也。

沉：沉身体下部，沉重而稳，是为之沉。设敌攻击我上盘，我应身体沉下，一避其锋，再用倒身术攻其下盘，为海底捞月、老树盘根之规以类也。

以上八诀，唯浮、沉不易兼全，浮功非足轻快，不能高跃，沉功非足沉重，不能稳立。若二法兼练，必先从沉功起，但沉功以运气下行为主，浮功以上下便轻为要，至于陈、拿、封、逼，六种用法相连，成功之快慢，在学者有恒无恒也。

八字歌诀如下：

封逼当头阵，二法本相应？

若不加拿手，难制敌人命。

敌之未曾问，先探而后陈。

吞吐含其中，变化见机行。

浮法制远敌，沉法攻下层。

速度宜如风，妙用存乎心。

攻守之摘要

进攻法南北各有不同，如踩黑马，一种有双拳夺势者，有双齐付者，有同边进踏一步，一手擒拿，一手封喉者。有用单掌横击者，有用中桩肘拐吞进者，此类手法太高，多而变偶行，于江湖技术浅浮学者，若逢技术深，有研究之路，有肩臂之力，以避其势，再乘虚以肘拐，而点击太阳穴耳后血门、气门诸穴，或用乌鸦扑地势，踩红门而攻命门，速如风火，猛若虎狼，恐自顾不暇，能制人哉。

数十年前，余入岭南北山，遍访名师名家拳法，得少林澄慧师所传攻取之歌诀，云攻黑门宜矮马桩，名马裆。最忌长三步，即弓箭步。

歌诀：出手探敌势，目先身首先顾，是进攻之法，以稳踏桩步，手应身，身应目，不离这二法门，故选少林攻法四种，以供诸生研究。

诸打法

一左二右三前四后五进六出七打八就。

两手要直，前胯要屈，后腿要直，子午相对，身如蛇腰，一打二合，遍身是力，步步向前，天下无敌。

诸传杂势不需忙，任人强求进战场。随意发手无不胜，管教他人定受伤。一拿见大的不怕，见小的不怕欺。小者当面便打，大者闪躲横推。他忙我不忙，切莫应他忙。应了他的忙，反把自己伤。场中出势不久站，久站必有乱。出势不久停，久停不得赢。

看门法

有门不进有若无，三门强进明若愚。凡事要有胆量，有功夫硬上，有智有勇有胆量，艺熟随进，实落有备，百发百中。

他用人字路，不要拢他身，一定有伤损。他用人字路，哪个又敢进？用的将军挂印，一左二右变化无穷，何高何低有下犯，用霸王举鼎劈江手，任凭他人撵进场，凡事要胆量。腾闪落空，凡手生地而后死，高手自能死地而后生，提脚三分输，探马有恍惚，有恍腿，有补腿，各自见元探用，上恍、下犯、至胜。

解法

如若他人双手抱住，用观音打坐、鲜鱼倒锅鲅。

他人扣领口，连紧他手，用白鸡蹬高，用膝下插花，有力用乌鸦扑地，用苏秦披剑，用顺手牵羊，用顶膝肘子，发此手无不胜。

若背后被人揪着，用撩阴托喉，踏脚仰面，急忙跳去，当面何在，左右连身，用冲天炮或猿猴上树，用扭头反身折法。

十二要法

眼要睁，手要正，身要藏，出要快，收要紧，招要力，打要破，输要补，接要高，压要准，脚要活，败要退。

学艺男子需讲高，十二要字有蹊跷，哎哟两个字，沉托两口力。呼吸两口气，起手见高低。

守法之摘要

近世之国术家，所谈防守手法，高低用挑拨，低来用砍切，平来用洗开。

敌来势猛，则借猛势而已。敌来力强，惜力而已。肩耸防腿，假退防跌，此不过再现之大概，初学者所须知。未可称手法之真诀也。

我国数千年以来，南北所用各不同。

北方人善用挑拨砍切，即长手。南方人善用挑托封拿，即短手也。

但长手力足，因短手活泼，北方人身杆大力强，南方人躯小而敏捷。放长手利北方人，短手利南方人，此天然也。

界线不能强之，使同也。

对搏则用短手，使长短互用，刚柔相济，然后创成 108 手，以供嗜此术者之研习。

武当 108 手

发手三手、跑手三手、标手三手。

头手拦手二龙戏珠，二手跑手拿肉上案，三手擦手霸王立碑，四手过手袖内抽刀，五手隔手死中逃活，六手隔手插挡挑肘，七手跑手插裆合拢，八手跑手仙人搬伞，九手跑手五虎擒拿，十手交手。

跑手快手，跑手之中无其数，千变万化有人求。只要学得九手法，那就猛如高手。

一提肘：敌方若陈矮低姿势，以为我无法响应，以提肘攻之，其提法由坐拳姿势，或侧立姿势，上进一步攻左侧，左足蹲下右肘前提，其右手而擒手，左手而防手，最宜迅速如风，设提不可稍缓分厘，敌必攻我黑门，急转身向右，以标拳正中命门，攻左亦如是。

二腾风：若敌人在我一丈以外，无论呈现何种手法，均以腾风取之。

其腾法：攻敌右侧边，以左边向敌腾空而下，两手如乌鸦张翼，以右脚跳走，左脚一步腾落地，以左肘后绕一半圆，从肩部砸至腿部。其练陈法用法与单砍攻左侧边亦如是。

三回跌：此乃是阴退阳进之手法也。与敌交手时，故意退后做畏怯逃奔走状，敌不追来，则知敌兆凶恶者，让之可也，或敌技精通能，料我是假退，定藏有厉害，莫测之妙，不敢追进，我也不必回头反攻，恐其暗算。所谓棋逢对手，将遇良才，最宜慎重。设与敌徒以我真怯逃之，而穷追，我当乘其进势，回头跌去。其跌法：一足过敌之黑门，一足盘敌股下，两手张开，敌必倾倒，然后一手取下阴，一手击胸穴，安所逃乎。

以上所述，皆踩黑门之法。进洪门之能，未曾谈及。

今为生等述之，敌以当面对我，我将何法攻之，若用当面合撑拳。直入，则自身首尾不顾矣。以侧面推式猛进，敌乘我进势，出一步而反攻我黑门，则我危矣。再三思，唯不无研究之处，近观南北名师，用法各有一同，有飞尖飞腿、击下阴脐部者，敌转身避腿，而攻入黑门。有用子午桩，敌方用岳家拳，推掌以进者，因掌正落敌之胸部，敌必后仰倾倒，有用长三步（弓箭步）逼足，一手取下阴，一手封喉，使敌无所逃避，以上三法，虽系名手，但敌易防。如飞尖飞腿，可用砍切解脱；推掌封喉，有用挑拨封逼解脱。总之，不离洪门老师所传，双砍腾标之尽善矣。二法无敌，不能远近，其有虚实莫测之妙，变化无穷，录之以供研究。

双砍：此进攻之手法也。由双爪从敌脸而攫下，俗名虎爪洗面。先为弓箭步，复用矮马桩，爪变为拳，纵下抛上，迅速猛勇，实退则擒其手足，从下而取下撩阴，从上而推击胸部及咽喉穴位，矮来一反手，而擒其足，一顺手而擒其手，再用一飞腿而击命门，敌之技穷也。

腾标：此远攻之手法也。由腾风势，踏腾到敌人当面落下，用一标拳直击敌之肚脐下边下阴穴，诱敌或进或退，其用如双砍同攻之路，以上所述，乃入洪踩黑法之大概，至于变化多端，有笔难以形容，学者练习精熟，自能得其神妙也。

今有歌诀一段：

力弱踩边门，力强进中宫。
切忌挺身入，不宜飞腿攻。
挺身想回路，腿出下部空。
步出攻阶势，何可救步穷。
乘虚用飞腿，进追宜如风。
出手要顾目，虚实合其中。
爪手练如铁，腕骨化为龙。

爪掌皆可用，最忌长拳撞。
纵力大如虎，擒拿化无穷。
出足桩要矮，进腿速如风。
与手要相应，与目暗中通。
动步三分输，动步分反顺。
腾步分偏中，猛来心不乱。
快来又慢来，应敌要从容。
诸法皆熟练，运用妙无穷。

铁掌

此是单砍之变式。

单砍，由上砍下，由胸部向膝下横击，拳背向外单砍之，右上手为柳叶掌，此为鹰爪勾手也。若遇敌用弓箭步，剪手或回环卷手对我击来，我当退步。急用此掌攻击敌人的鬼眼穴，设敌若从下砍托，我急用爪手，以取敌双眼。敌若退避，我乘势紧逼，或封拿，运用变化，在学者见机而行之可也。

狮吞手：此手是少林师傅所传，余自研究，但此手攻守均可用虎爪，如雄狮张口，上下左右回环，足成马桩步，吞吐自如。敌若攻我黑门，车身踏敌洪门，一手抛上而叉喉，谓之毒蛇觅穴，一手暗取下阴，谓之叶底偷桃，学徒等切勿轻用慎之。

小肚跌金刚

他用右手一拳打来，我用左手一拍他的右肩，将身一闪入，右手拿脚往后跌去。

铁锹连孤舟

他用右手一拳对我面部打来，我用左手一推，将身一闪，用右手将他的颈项缠紧，使之仰面跌去丢他下地。

黄鹰拿兔

他用右手一拳打来，我用左手一拍，将身闪入他的胁下，再用右手挽住他的颈部，左手撩他下阴，扑他倒地。

盖篇所述，不过大概也。

少林所传真诀，已歌诀一段，以供诸生研究。

攻宜察敌势，手足勿轻出。

击要宜如风，避势捷如马。

不为强者怯，勿因弱者佚。

出手按宗法，心身定要一。

如此可通妙，临敌胜可必。

不但攻如是，宁亦要精密。

足来分反顺，手来分虚实。

柔来不轻慢，刚来勿颤栗。

睁眼察敌情，静心不放逸。

牢记歌中诀，技学放光辉。

第四节 练气要旨

若言语不和则生气，气从心头起，力从足下生。

一要讲气

一细二匀三深四长五和，六沉七紧八雄九玄十连。

十二节相对，十二节气名敌气，十二节走气名点气，共有二十四气是大气，内有五心气，外有二中气，此乃阴阳二气之流行也。

二要讲动

非礼吾不动，动者猛当先。

交手不流连，流连他变心。

他若把心变，我心忙似剑。

停势不可打，打势不可停。

出手不久站，久站不得机。

面上带五行，必定要打人。

手出脚不随，必定被人为。

手到脚不到，一定打不倒。

出手不现形，现形不为能。

五节有沉气，六节微带弯。

三要讲活

头要抬眼要睁，气要活力要沉。

行似虎坐似牛，头似豹子身似猴，手似猴爪脚似牛。

四要讲力

力能催气，气能引力，气力相合，天下无敌。

第五节　练拳要三尖六合

三尖是：眼尖、手尖、脚尖。

六合是：心与眼合，眼与手合，手与脚合，脚与身合，身与气合，气与力合。

三尖相对则出力，六合相对则养力，混乱则无力。此名三尖六合也。

相对相合者，方算操习武艺之能手也。

一月一手记心牢，汇合百手在一朝。

前手为正，后手为副，正副相随，两手不离，裹裆要紧，外裆要松。

出手讲稳准力狠，打拳讲腾探撤贴。腾者往后移，探者动身脚不移，撤者开步闪两旁，贴者偏身要后坐。

练习此八个字之重要，对敌搏斗有临机万变，用的时候要狡诈奸猾。

不怕你千手熟，只怕我一手毒。千手容易得，一手最难求。

中篇

武当熊门七星活气功

ZHONGPIAN

第一节　传承渊源

武当七星活气功，又称武当熊门七星活气功、武当太上老君七星活气功。

该功法有正七把、副七把、总把五手。

其功简明易学，老少皆宜。

据传，该功流传明末清初昆阳子真人（？— 1680）至李升庭（1887 — 1968）一支，传承已有三百多年的历史。

据该功传承人李升庭公曰："自己年轻酷爱武术，有缘得一世外高人带入一不知名之破庙中授功四十九日，不告名姓，只言功出武当，临行悬空于庙堂之中行走三圈。并授与一些秘功秘法、本门秘传等等。"

赠诗一首：

火炼金丹心要坚，一家福泽果绵绵，

黄金到手劳收去，莫道风波浪里边，

凡事诚心要从容，急急忙忙不成功，

平屋檐下蛛结网，难粘蓬鸟易粘虫，

若逢祖国兵劫日，自有诚心武圣门。

（升庭公关门弟子高道成口述）

李升庭先生得此功后罕遇敌手，自此名震江湖。

后受武汉武术界人士徒步天门百般相求，以示心诚，遂入武汉授徒不知其数。记名弟子28位。李先生因人施教，各亲传弟子中都有秘传，如李青山以硬气功、武功为主；陶德明则集病功、硬气功、伤科、按摩于一身；对小弟子高道成授以病功、秘授星象图谱、武当静功。

20世纪60、70、80年代，整个武汉地区乃至湖北的京山、天门、孝感、安陆、应城、荆州等地，练习七星活气功蔚然成风。该功法还深受广东、浙江、福建、江西等省市的众多气功锻炼者喜爱，纷纷前来湖北拜师学艺。尤其是湖北，大小公园早晚练习七星活气功的人们比比皆是，七星活气功名声更加显赫，传人何止万千！

武当七星活气功以养生为主、武功次之，以自卫为主、攻击次之，系武当派真传道家养生功法。该功内练脏腑，外壮筋骨，有病治病，无病强身。

目前武当熊门传承的功夫有：武当七星活气功、硬气功、坐卧功(静功)以及实战秘技、中医、骨科、伤科等秘法。

熊门拳的气功功法有：熊门七星活气功、金钟罩铁布衫气功等。

七星活气功共有三套，民间大多数习练者学习的是第一套功法。

七星活气功的功法原理与我们中医经络学说和人体精、气、血的运行生理功能密切相关。

人体经络遍布全身，上通下贯、入里出表。使人体的各器官紧密相连，构成一个统一的整体。而机体各器官功能的正常发挥又赖以气血的滋养。人体正是以经络为途径，通过精气的流注把气血输送到全身供给营养，精气传导来自机体内外的各种信息，从而调整脏腑器官组织之间的阴阳平衡，维护人体的正常生理活动。而七星活气功正是根据人体的生理原理，由我们的先祖悟透天地人之玄机而创造出的一套完善的气功锻炼强身之功法。

其功法来自《道德经》第25章“人法地，地法天，天法道、道法自然”。

其功理来自《道德经》第42章“道生一，一生二，二生三，三生万物。万物负阴而抱阳，冲气以为和”。

其功式顺序和其功式理论也来自《道德经》第42章“道生一，一生二，二生三，三生万物”。始终讲究“三生万物”“地天交泰”“阴阳平衡”“无为而为”。

讲究呼吸之法即老子的橐龠之机（天地之间，其尤橐龠乎？虚而不屈，动而俞出……）。

故该功法又则称谓武当病功，变化一下气力的习练方式就成了铁布衫。

不讲究呼吸之法练习者，则称谓七星操。七星操，是纯健身保健操。

武当病功则不同。除了因变化一下气力的方式就成了“铁布衫”之外，还特别具有非常可贵的祛病养生的功能。

其功“大道至简”地融合道、医、功三家的至深经典。

第二节　全套功把名称

一、正七把名称

下丹田；三焦；背功；胳膊腿功；顶功；腰功；心功。

二、副七把名称

霸王举鼎；凤凰撒翅；金鸡斗力；霸王甩鞭；双凤朝阳；黄龙缠腰；金鸡拍肚。

三、总把五手

海底捞沙；凤凰掸毛；迎风劈竹；霸王开弓；五龙捧圣。

四、副七把的气功做法

霸王举鼎；凤凰撒翅；金鸡斗力；霸王甩鞭；双凤朝阳；黄龙缠腰；金鸡拍肚。

气功做法：

呼吸：口进，鼻出。

先在手，后在落。

第三节 七星活气功正七把练法

本功法运动量大，更适宜青少年锻炼。

平气势

起手：

身体直姿站立，两脚分开尺许，脚尖朝里成内八字，两手叉腰。（图 1）

原步不动，两手变爪俯掌，掌心向下朝裆前一插，双手相合。（图 2）

原步不变，两手俯掌，掌心向下在裆前往上分开，用口吸气。

变拳分收到两边腰际部位，用鼻呼气。（图 3）

两拳变掌仰着对裆前插下去。（图 4）

图1

图2

图3

图4

两手掌从裆前向后分开，双手一起弯曲从体前举至头的两边分开，用口吸气。（图 5 ①、②）

两手掌再变成勾手，由体前插往腹下，用鼻呼气，呼气悠长缓慢一点，气入下丹田。（图 6）

第一把　下丹田

起手姿势站立。

两手叉腰，然后用右手掌向左边一刺，高与头平，用口吸气。（图 7）

用右手向右边一带变成虎爪，身体平正，双眼前视，用鼻呼气。（图 8）

①　②

图5

图6

图7

图8

脚手不变，身体转向右边。（图 9）

右手变掌成俯掌，掌心向下。（图 10）

右手掌随口吸气，由上往下经两脚尖前划过，一直挽到左边，手与眉梢齐高。（图 11）

右手掌从左上边带到右耳边，用鼻呼气，身体正转向前。（图 12）

说明 右手做完以后，再换左手同样做。做完之后，朝前平气收功。

图9

图10

图11

图12

第二把　三焦

两手再于裆前向上翻到两耳旁，高举过头，掌心朝外。（图 13）

两手变成虎爪落在耳门两边对掌，再于额角两边、两臂落平。（图 14）

两手向左边一甩，左手变成掌心朝里，右手朝上。（图 15）

两手掌从右边扑向左边，两胳膊伸直，掌心朝下。（图 16）

两掌由上扑到裆前下，身体亦随之前屈弯下，用口吸气，掌心朝内。（图 17）

图13

图14

图15

图16

两手掌由下上翻高举到两耳旁，掌心朝外。（图 18）

两手掌再从头上往下，落在头两边额角处变成虎爪，两胳膊平肩齐高，用鼻呼气。（图 19）

此动作姿势，右边做完再做左边，做完以后，朝前平气收功。

第三把　背功

在平气姿势当中，两脚并拢，两手伸直成“一”字形立掌，掌心朝外。（图 20）

图17

图18

图19

图20

身体左转，将左脚提起来。（图 21）

左脚上前落地成弓步，两手成拳合拢，手臂弯曲，两肘尖抵在胸前，用口吸气。（图 22）

两肘紧靠胸前，经面前、身体绕转到右边，两拳心相对。（图 23）

两臂弯曲向右，然后由右下方再弯曲到左方。（图 24）

如此，从左到右，从右到左，连续弯曲转三次。

图21

图22

图23

图24

两拳往上在体前分开后，落到两腰边，同时收左脚并步站立，用鼻呼气。（图 25）

右边做完，再做左边。两边做完后，朝前平气收功。

第四把　胳膊腿功

左脚横摆半步，右手变拳提到右肩上，用口吸气。（图 26）

右拳再从上由胸前往左脚前下栽拳，用鼻呼气。（图 27）

右拳栽拳到左脚前下之后，右拳变掌向右后掀起略比腰高，用口吸气。（图 28）

图25

图26

图27

图28

右掌变爪向上一抓后，落到左脚前下变成拳，用口吸气。（图 29）

右手一直抓到左脚前下，然后由下往上提到右肩上，再往上一扳拳后收回。（图 30）

再往下栽拳到左脚前下，用鼻呼气。（图 31）

如此行功三次。

说明：右手同样做三次，收到中间平气。

再做左手，同样三次。

右左手各做完以后，朝前平气收功。

图29

图30

图31

第五把　顶功

两脚分开站立，两手成拳握在腰际，头顶部抵墙壁。（图 32）

两手变掌往下撑直。（图 33）

两手掌由下向后一直弯曲到两腰后，变成勾手。（图 34）

两手勾手由两边肩往两边胁下撑到身后下边。（图 35）

做完之后，朝前平气收功。

图32

图33

图34

图35

第六把　腰功

两脚尖抵靠墙壁，两手往下到后分开，弯曲到两肩上，用口吸气。（图 36）

两手勾手弯到肩上后，手臂向前撑直，用鼻呼气。（图 37）

做完之后，朝前平气收功。

第七把　心功

两手成拳，先握于两腰际。

面对墙壁，用棍子抵住心窝，用口吸气。

两拳变掌往下撑直向后弯曲到肩上，再由胁下往后一撑，用鼻呼气。（图 38）

分开时吸气，脚掌踮起后再将脚落平。

做完之后，朝前平气收功。

图36

图37

图38

第四节　七星活气功副七把练法

第一副把　霸王举鼎

双脚开步站立，两手抱拳于腰际，双手变掌向身体两边侧撑，两臂成一直线，双手立掌，掌心朝外。（图 39）

两手掌向后一仰变成虎爪，身体向下前屈，双手虎爪抓到两边脚下，由两边大腿外提到两边的腰际变抱拳，用口吸气。（图 40）

往上高举，两手虎爪由两大腿外提到腰际变拳，往上直伸，用鼻呼气。（图 41）

双拳一撤抓成虎爪，用口吸气，双脚掌同时踮起，两手虎爪变拳收到两边腰际一击靠，用鼻呼气。（图 42）

做完以后，朝前平气收功。

图39

图40

图41

图42

第二副把　凤凰撒翅

双脚开步站立，目视前方。双手抱拳在两腰际。（图 43）

上体向左边侧转，右手掌沉落于右腿后，左手掌往上撑举，用口吸气。（图 44）

上动不停，右手掌由后甩到左肋下，用鼻呼气。连续挥甩三次。（图 45）

归于肋下之后，双手合分平气。左边同样再做一遍，两边做完后平气。（图 46）

图43

图44

图45

图46

第三副把　金鸡斗力

右拳变成虎掌向前推击，连推爪三手，推击时用鼻呼气，抓收回腰际时用口吸气。（图 47）

右手收于右腰际。再左手也照右手一样，连做三次。做握拳撤回收至腰际。（图 48）

两手握拳由腰际向前直推击后变虎掌，连推击三次。（图 49）

两手撤抓握拳收到腰际两旁。三次做完以后，朝前平气。（图 50）

虎掌推出时呼气，双手撤抓回来时吸气，收于腰际时呼气。

图47

图48

图49

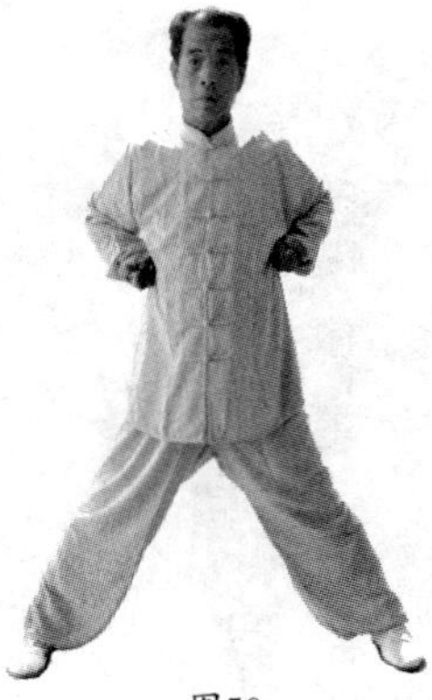

图50

第四副把　霸王甩鞭

右脚向上提起，右手压于右裆前，左拳弯曲到左额头上方，用口吸气。（图 51）

右脚向体前落步成马步，右拳向前扳击，左拳收到左腰际靠击腰部一次，用鼻呼气。（图 52）

右手做完以后，身体转向左边，左拳压于左裆前，右拳上掀架在头后上方，左腿屈膝向上提起，用口吸气。（图 53）

左脚向体前落地成马步，左手向前扳拳，右拳收到右腰际边靠击腰部一次，用鼻呼气。（图 54）

做完后平气。

图51

图52

图53

图54

第五副把 双凤朝阳

开步直立，右拳从右腰际变掌向上直臂刺举，用鼻呼气。再一抓右手变拳收于右腰际，用口吸气。（图 55）

左拳从左腰际变掌向上直臂刺举，用鼻呼气。左手再一抓成拳收于左腰际靠击一次，用口吸气。（图 56）

右掌朝前往上一刺，用鼻呼气。（图 57）

左掌再往上一刺，两手臂直伸上举，双手直掌指尖向上，用口吸气一次。两肩上下连续做三次，两手同时一抓成拳，收回到两边腰际靠击一次，用鼻呼气。（图 58）

做完后平气。

图55

图56

图57

图58

第六副把　黄龙缠腰

开步直立，双手握拳抱于两腰际，目平视前方。（图 59）

两拳随身体左转分开，成一字撑掌。（图 60）

两掌合拢相抱，右手胳膊在外，左手掌在内，用鼻呼气。

双手胳膊贴拢肚腹，双手胳膊错开，用口吸气。（图 61）

照此分开合拢，连做三次。

身体向右转，同时双手往上分开成拳收抱于两边腰际。（图 62）

图59

图60

图61

图62

身体转向前方，两手变掌向后分开再于裆前落下，由前裆下往上再到两腰际，然后向右转照样做一遍。（图 63）

两边做完以后平气。

第七副把　金鸡拍肚

开步直立，两手握拳抱于腰际，目平视前方。（图 64）

右手成虎掌向前方斜推出，吸气一口，再用鼻呼气一口。再变成虎爪一抓，用口吸气一口。（图 65）

右手收回，再在左边肚腹拍击一次，用鼻呼气一口。（图 66）

图63

图64

图65

图66

右手收到右腰际，吸气一口。再左手虎掌向前方斜推击，用鼻呼气一口。左手变成虎爪一撤一抓，吸气一口。（图 67）

左手收回到右边肚腹再拍击一次，用鼻呼气一次。左手变拳收到左腰际，吸气一口。（图 68）

两手从腰部向前直立推击，用鼻呼气。（图 69）

两手成虎爪一撤抓一抓，吸气一口。

两手收回向两边肚腹拍击一次，用鼻呼气。（图 70）

做完双手往上分开收到两边腰际。

身体朝前平气。

图67

图68

图69

图70

第五节　七星活气功总把封口五手练法

总把第一手　海底捞沙

开步直立，双拳抱于腰际。

右手变掌往上伸直，吸气一口。（图 71）

右手成掌由面前从左边上往下划弧一周，一直挽到头右上方，腰部向上提起，右手握拳。（图 72）

腰向上提起，右拳落到右腰际，用鼻呼气一次。（图 73）

再左手掌往上一刺伸直，吸气一口。（图 74）

图71

图72

图73

图74

左手由左边往右上方从下经过面前，由右边往下绕到左边后握拳，落在左腰际，用鼻呼气一次。（图 75）

两手两边做完以后，朝前平气。

总把第二手　凤凰掸毛

开步直立，两拳由腰际分开变掌上下直臂撑开，左掌上撑，右手甩于体后。（图 76）

右手由后向左手胁下掸击，连掸三次。（图 77）

右手掌掸完之后，双手往上架起分开到两腰际。（图 78）

图75

图76

图77

图78

身体转向右边，右掌在上，左手甩后。（图 79）

左掌再右边胁下连掸三次。（图 80）

两边掸击完之后，双手往上相合后分开，收抱于两腰际，用鼻呼气。

做完之后，朝前平气。

总把第三手　迎风劈竹

左手拳：开步直立，左脚上步，左手向上扣拳，右拳撤于体后下，用口吸气。（图 81）

右手拳：开步直立，右脚上步，右手上前向右上方扣拳，左手拳撤落于体后下，用鼻呼气。（图 82）

连上三步，做三次。

图79

图80

图81

图82

身体转向左，右脚上前右手扣拳，吸气一口。（图 83）

左脚左手拳，上步一顺扣拳，用鼻呼气。（图 84）

连上三步做三次，做完后平气。

总把第四手　霸王开弓

身体半蹲下变成右虚步，右拳向前成端拳势，左拳收于左腰际，吸气一口。（图 85）

右脚上前成右弓步，左手拗拳向前冲拳，右拳撤于右腰际，用鼻呼气。（图 86）

图83

图84

图85

图86

左手往上挑拳，左脚收。一小步，右脚微微提起，吸气一口。（图 87）

右脚上前落地成马步，右拳顺势向右侧前方冲拳，左拳带回收于左边。（图 88）

连做三次。

身体向左转身，左脚收成左虚步，左拳向左上挑，右拳收回于腰际，吸气一口。（图 89）

左脚上前落地成左弓步，右手拗拳向前冲拳，左拳收抱于腰际。（图 90）

图87

图88

图89

图90

右脚收半步，左脚微微上提，右爪上挑，吸气一口。（图 91）

左脚上前落地成马步，顺势向左侧前方冲拳。左拳直冲，右拳收回于腰际，用鼻呼气。（图 92）

两边做完以后，朝前平气。

总把第五手　五龙捧圣

马步站立，两拳变掌，平升至胸前，相距一尺（约 33 厘米），两手掌指尖相对，上下连续三次后收回于腰际。（图 93）

同样分左右出掌，也是上下做三次。（图 94）

图91

图92

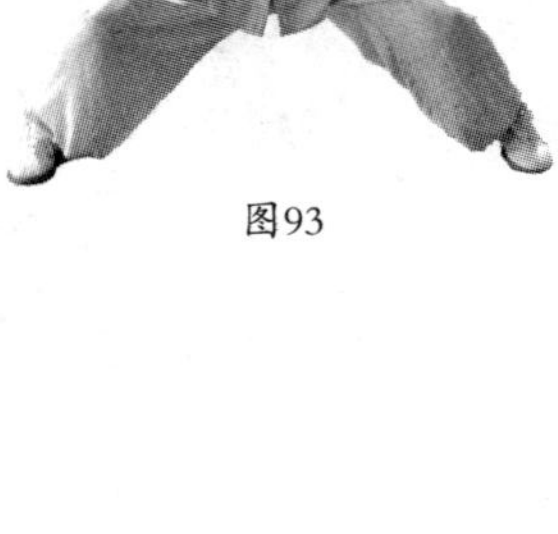

图93

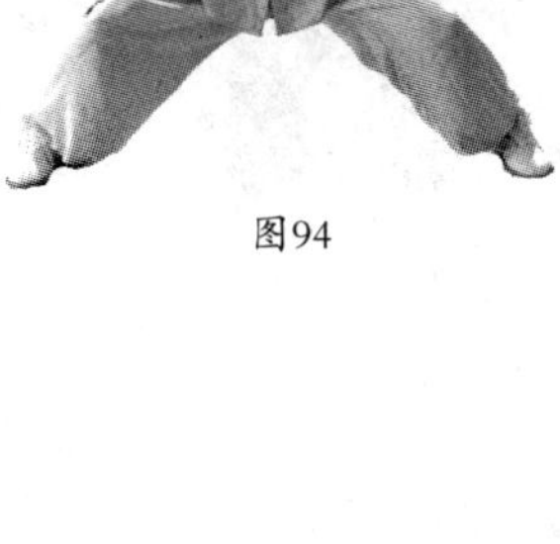

图94

照前同样出手，两手掌指尖相距二寸（约 7 厘米）左右。也是上下连续做三次。（图 95）

做完以后，朝前平气。（图 96）

图95

图96

（演练：李又发）

第六节　七星活气功动作细解

全套动作先口进气，后鼻出气。

起手是右边起，左边落。

一、七正把，应做手法

1. 下丹田

左右手，每边每手做十四手，每只手做三次，为一遍。

2. 上中下三焦

左右手，每边甩手做二十八手，共五十六手，为一遍。

3. 背功

左右手，每边换三手三次，为一遍。

4. 胳膊腿功

左右手，两边每手三次，为一遍。

5. 顶功

抵头每次做九手共做三次，为一遍。

6. 腰功

坐凳每次做九手共做三次，为一遍。

7. 心功

抵心窝每次做九手共做三次，为一遍。

二、七副把，应做手法

1. 霸王举鼎

每次做九手共做三次，为一遍。

2. 凤凰掸毛

每手掸击左右每边三手共做三次，为一遍。

3. 金鸡斗力

每边应做三手共做三次，为一遍。

4. 霸王甩鞭

两边甩手做四十八手，为一遍。

5. 双凤朝阳

左右手，每做三手共做三次，为一遍。

6. 黄龙缠腰

左右每边缠三次，为一遍。

7. 金鸡拍肚

拍三手每手共做三次，为一遍。

这是正副十四把的练法要求。

三、总五把，应做手法

做功夫开打穴位方法。

1. 海底捞沙

肚脐下腹部。

2．凤凰掸毛

将台合金钱穴。

3. 迎风劈竹

左右腰部。

4. 霸王开弓

先胳膊后腿。

5. 五龙捧圣

先背，后顶。

练法说明：

病功、合力功、开打，在于自己把握运动量。

病功用途：

在四五把内，每次做时应打三次。病功用沙袋打击身体部位，病轻在五六把内可打。合力功：竹条、沙袋，在三四把中开打。

病功穴位闭气方法：

1. 左右血仓、血海。
2. 左右金钱穴在前一手，在后手对背夹缝。
3. 两手双按身体两边胁下。
4. 双手按两边腰眼穴。
5. 一手按前胸心部，一手对背心后。

力功穴位闭气方法：

1. 左右两边胁下。
2. 金钱穴。
3. 血仓、血海。
4. 两边腰眼穴。
5. 前胸对背心。
6. 小肚角对凤尾骨穴。

第七节　练功注意事项

1. 七正把

排打次数，不要误记乱打，遵守要求。

2. 七副把

以上姿势，一手不要讹错，恐其以跑气枉费工夫。

3. 开打部位、穴位

不可乱撞乱打一气，要有一定的准确部位。

4. 穴位闭气

应于穴位上闭气，不可乱闭气，切记和注意。

练功之日，严格遵守以下几点：

1. 不可用冷水洗澡，不可喝冷饮。
2. 不可吃烧鸡、鲤鱼。

3. 不可吃发物、死毒东西。

4. 不可吸烟喝酒。

5. 不可在练功时乱说话打岔。

6. 屋内有烟雾时不练功。

7. 不可贪色。

8. 不可练功充能，欺负别人，用功夫乱打人。

第八节　功法锻炼价值与作用

一、祛病强身

练习得法者，能强壮肾脏功能，增强免疫功能，全身如铁，抗击、强击能力显著、拳脚力猛劲强，有使不完的气力，无不香之食物，不知疲倦，阳气特盛。

对过度安逸、过度疲劳、过度运动、过度思虑、五劳七伤、疑难杂症等均有良好的缓解作用。

七星活气功，对呼吸道疾病如感冒、支气管炎、肺炎、肺结核等疾病也有辅助疗效，对腰椎、颈椎病、肩周炎、坐骨神经痛、关节炎、高血压、高血脂、头昏失眠、内分泌失调、肝病、肠胃疾病、肾虚等同样有显著的治疗效果。

有疾者练习祛病为主，一般在一周之后人体之病开始缓解，食量渐增，（根据个人体质、年龄，疾病轻重程度，练功熟练程度等因素）百日之后祛疾身健，可受实木棍和五斤（约 2.5 千克）铁砂袋的击打。

二、健身益寿

练此功者，长年不易患感冒，肠胃功能好，食欲好。

三、内助武术，身体抗击打力强

习拳棒刀枪者，练此术不但中气充沛，力量强大，而且身硬如铁，防身养生。正如少林洪门禅师曰："呼吸之功，可以使气贯穿周身。故有鼓气胸肋腹部等处，令人用坚木铁棍猛击，而不觉其痛苦者，由于气之鼓注包罗之故也。练功中可以兼练铁头功、铁肘功、铁臂功、铁指功、铁掌功等，对提高武术技艺作用真谓无穷。"

正七把：气行下丹田；气行上丹田；气行背路；气行四肢；气行头顶；气行腰、腹部；气行心部。

副七把：霸王举鼎；凤凰插毛；金鸡抖力；霸王撤鞭；双凤朝阳；黄龙缠腰；金鸡拍肚。

总功封口五把，属于不传之秘，门内传授。

其中，封口把择人而授，整套功法由形体四肢的运动和吐纳结合而成，有严格的习练步骤。习练正七把的作用是调整气息，平衡阴阳，可让身体得以综合调养，改善人体的健康状况。

下篇 武当熊门总堂看家拳法

XIAPIAN

本篇重点精选了武当熊门之经典：总堂太乙大金刚十路拳、二堂太乙小金刚十路拳以及四堂太乙金刚拳三个套路。

第一节　武当熊门总堂太乙大金刚十路拳法

1 简 述

总堂拳法合计有 108 手，内有七拳、四剁掌、一踩腿。古今交融，新旧改编。在练习中，以掌可改拳，以拳可改掌，可拳可掌，不苟一法，确有可考，确有奇妙。后学者一手一脚，不能忽视，当精心研究自有心得和收获。

本拳法属于武事之笔录，于书画写图一本，历代相传至今。但恐误记讹错，以为初学者学习者一本经尔。

头三路拳，计有三十手。

中三路拳，有三十四手。

尾四路拳有四十四手。

合计有十路成一〇八手。

内有七拳：三路第四手一拳，六路第三手一拳、第四手一拳、第五手一拳、第六手一拳、第八手一拳，十路第五手一拳。

内有四剁掌：二路第九手一剁掌，五路第四手一剁掌，九路第九手一剁掌，十路第十手一剁掌。

内有踩腿：六路第二手一。

2 武当熊门总堂太乙大金刚十路 108 手拳法

武艺歌诀：

出手脚不移，必定打人迟。

手到脚不到，必定打不倒。

不怕千手灵，只怕眼不睁。

眼睛是铜铃，双足是利箭。

手臂似弯弓，身法多化变。

手是两扇门，全凭腿打人。

武当熊门太乙总堂十路拳，共有108手。

头路拳谱歌诀：

头路拗步三点甲，点动渭水比子牙。

抬头一见文王驾，百里卷锦帝王家。

排起八卦乾坤定，单选左右众将军。

说明 头路计有十三手，以顺水掌为正名。内有三拗掌为歌谱。

二路拳谱歌诀：

二路跑马吊金钱，沉鱼带龙惊肺心。

彦章摆渡乌江口，犹通成孝断了舟。

说明 二路计有九手，以跑马掌为正名。内有吊顶挡三大掌，跑马摆渡为歌谱。

三路掌谱歌诀：

三路桃园三结义，曹操领兵江南地。

用动连环将军计，火烧莲花天不蔽。

说明 三路计有八手，以偷梁换柱为正名，内中有换步擒拿，枯竹敝笋为歌诀。

四路拳谱歌诀：

四路顺风扯旌飘，十绝阵上英雄到。

白蛇吐剑出砍掌，边上折身如风去。

猿猴献桃定八卦，就身独脚龙边花。

说明 四路计有十四手，以金猫逼鼠、铁壁靠山为正名。内有车旌、偷桃、献桃为歌诀。

五路拳谱歌诀：

五路挂龙霹雷掌，惊动猛虎下山岗。

脚脚落步七星定，扫净天魔下长林。

说明 五路计有七手，以五虎拦路为正名。内有挂龙霹、拦路虎为歌诀。

六路拳谱歌诀：

六路平身击腿合，赵云血战长坂坡。

仙人指路九连蹬，忠奸出入辨分明。

雪地行走捆猪蹄，三人结义永不疑。

说明 六路计有十三手，以张飞捆猪为正名。内有随腿、捆猪、踩步为歌诀。

七路拳谱歌诀：

七路越椒反桩王，青河桥上比豪强。

七雄不怕铜铁柱，五雷阵上分高下。

说明 七路计有七手，以飞虎上殿或扎龙过江为正名。内有蜈蚣渗甲、大裹、探马为歌诀。

八路拳谱歌诀：

八路顺水牵羊过，不怕苦心家庭落。

国中件件有风华，华阳桥上美女多。

说明 八路计有十三手，以鹞子钻林、顺水牵羊为正名。内有抱柱、牵羊、脱壳为歌诀附名。

九路拳谱歌诀：

九龙出海世见郗，彦章逞雄定兵计。

二虎把守沙滩地，逼死彦章永不疑。

催步急打连身肘，金盆泼水见高低。

说明 九路计有九手，以双龙抱柱、马口掌为正名。内有戏珠、盆水、挑肘为歌诀。

十路拳谱歌诀：

十路吴起兵发齐，霸王举鼎千斤力。

韩信用计汉王地，封他三齐把名提。

锁喉剑法咽喉利，触动泰山肩和膝。

说明 十路计有十五手，以巢里翻蛋为正名。内有掏巢、锁喉、肩膝为歌诀。

3 武当太乙总堂大金刚十路拳法动作名称

一路名顺水掌，二路名跑马掌。

三路名偷梁换柱，四路名金猫逼鼠。

五路名五虎拦路，六路名张飞捆猪。

七路名飞虎上殿，八路名鸡子穿帘。

九路名双龙抱柱，十路名窝里翻蛋。

第一路　顺水掌

头路计有十三手。

一路第一手　拗掌

敌方左脚上前成左弓步，用左手一拳对我腰部击打。

我用左手抓住敌方的左手腕，用右掌对敌方的背门左肩击打一掌。（图 1、图 2）

图1

图2

一路第二手　速甩手

敌方用右拳对我腰部打来。

我用右手朝下速甩，隔开他的右拳。（图 3、图 4）

一路第三手　刁爪勾手

敌方用右手翻起一反吊掌对我面门打来。

我将右脚收半步，用右手往上一刁爪隔挡，抓拿他的右手腕部。（图 5、图 6）

图3

图4

图5

图6

一路第四手　顺水掌

我用右手抓住敌方的右手腕，左脚上前成马步，用左手顺掌对敌背门击打，敌急忙撤左脚成马步。（图 7、图 8）

一路第五手　摆步隔掩手

敌方用左手打我，同时用右脚弹踢我裆部。

我右脚稍摆，左手往上格挡敌来拳，用右手掌掏敌下裆扒按他的右脚。（图 9、图 10）

图7

图8

图9

图10

一路第六手　扶手兜腮

敌方将右脚收回，再上前成右弓步，用右掌打来。

我提左脚上前成左弓步，用左手抓住他的右手，一扶手对敌兜腮打击。（图 11、图 12）

一路第七手　顺水掌

敌方用左脚踩步上前，用左手一掌向我打来。

我用右手抓住他的左手，用左手顺掌击打他的将台金钱穴。（图 13、图 14）

图11

图12

图13

图14

一路第八手　掩手

敌方用右手撇挡我的左手掌，我用右手往上一挑。

他又用左掌打来，我用左手朝上格挡敌手，随即急忙后坐退下。（图 15、图 16）

涉步后坐：

我涉一步向后坐退下成右弓步败势。敌提右脚上前准备赶上。此手是对练样子不算正手。

一路第九手　拗掌

敌方赶上左脚上前，用左拳对我腰部打来，我左手朝上接抓住他的左手，用右手一拗掌击打他的左肩背门。（图 17、图 18）

图15

图16

图17

图18

一路第十手　撤步

敌方用拳对我腰部打来，我右手一速裹，提左脚上步再右脚上前，用左手抬起他的右胳膊。（图 19、图 20）

一路第十一手　金鸡摁窝排膝肘

敌方上左脚成马步，我右脚上前成马步，用右肘击打敌方胸部将台穴。（图 21、图 22）

图19

图20

图21

图22

一路第十二手　扳拳

敌方左脚踩步上前，用左手对我耳门一贯拳，或者一掌打来。

我提右脚上前，用右手一扳拳格挡敌左手。（图 23、图 24）

一路第十三手　顺水掌

敌方用右拳对我腰部打来，他又右脚踩步上前用右手一掌打来。

我用左手翻起往下一甩抓住敌右手，右手顺掌击打他的胸部将台穴。（图 25、图 26）

图23

图24

图25

图26

第二路　跑马掌

二路，共有九手。

二路第一手　摆步掩格

敌方用左手对我腰部一拳，又翻掌打来。

我用右手一速甩，左手一掩。

二人摆步上左脚成马步，敌用右手一掌打来，我用右手格挡。（图 27、图 28）

二路第二手　吊掌

敌方用右滚手对我腰部一拳，又翻掌对我面部打来。我用右手沉身速甩开束攻，用右反吊掌接他的反吊掌。（图 29、图 30）

二路第三手　顶掌

敌方用右手将我的右手压住，用左手对我反吊掌劈面。

图27

图28

图29

图30

我用左手抓敌方的左手，收左脚，右脚上前，用右掌顶推对他肋下，名顶掌，又可称铁臂靠山。（图 31、图 32）

二路第四手　搅掌

搅掌又称肚掌。

敌方右脚踩步上前，一掌向我打来。

我用左手抓住他的右手，然后移步用右搅掌击打他的胃部。（图 33、图 34）

图31

图32

图33

图34

二路第五手　砍掌

敌方左脚踩步上前，用左拳对我腰部打来。

我用右手拐肘歪撞，左手接拿他的左手，用右手对敌的腰部砍击。（图 35、图 36）

二路第六手　小裹手

涉步后坐：此手是第六手中小裹手的样子，不算正手。

敌方用右脚踢我，或者右拳对我腰部打来，我急忙往后一坐成卧势，用右手朝上格挡他的腿或拳。（图 37、图 38）

图35

图36

图37

图38

小裹手：敌方右脚上前，用右拳对我面部打来。我用右手一翻，左手抓住他的右手腕，右手虎掌击打他的将台金钱穴位。（图 39、图 40）

二路第七手　掩掌摆渡

敌方用左手抓拿我的右掌，我用力一送再将他牵引过来。（图 41、图 42）

图39

图40

图41

图42

二路第八手　袖内抽刀

敌方用左手来抓拿我右手，我用左手磕掉他的左手。我左手回转拍击他的左肩，用左脚一撇扫踢他的左脚，使他仆地跌倒。（图 43、图 44）

二路第九手　剁掌

敌方右脚上前，用右拳对我腰部打来。

我用左手缠住他的右臂使之抬起，用右手一剁掌击打他的上腹部。（图 45、图 46）

图43

图44

图45

图46

第三路　偷梁换柱

三路计有八手。

三路第一手　开天手

敌方左脚上前，用左拳过头向我打来。

我上左脚，双手朝上一架，接住他的左拳。（图 47、图 48）

三路第二手　砍掌

敌方左手收回一翻，又朝我的腰部一拳打来。

我双手分开，用右手拐肘歪撞，左手抓住他的左手，用右掌砍击敌方的腰部。（图 49、图 50）

图47

图48

图49

图50

三路第三手　上步歪山肘

敌方用右手过头一拳向我打来。

我右手往上抓住他的右手，左手肘随身体上步一歪撞肘往下一压，扑他下地。（图 51、图 52）

三路第四手　下步洗拳

敌方上左脚一拳向我打来。

我左脚上步，左手朝上将其手扯拉下，用右手向下猛力洗拳击打其腰部。（图 53、图 54）

图51

图52

图53

图54

三路第五手　刁手

敌方原步不变，左手翻掌向我面门打来。

我原步不动，用右手朝上刁掩，格挡他的左手掌。（图 55、图 56）

三路第六手　撤步擒拿

敌方右拳对我腰部打来。

我右手一迷裹，左手击打他的右胸，提右脚撤步上前。（图 57、图 58）

图55

图56

图57

图58

三路第七手　正擒拿

我向上抬起敌方的右胳膊，用右手抓拿他的右腿大胯，使其跌倒。（图59、图60）

三路第八手　偷梁换柱顺水掌

敌方踩步上前，用左掌向我面门打来。

我换步一跳，右手抓拿敌来拳，左手顺掌击打他的将台穴。（图61、图62）

图59

图60

图61

图62

第四路　金猫逼鼠

四路计有十四手。

四路第一手　顺风扯旗

敌方提左脚，对我的裆下踢来。

我右脚退一步，用双手掌搭按他住的左脚背。（图 63、图 64）

四路第二手　兜腮扶手

敌方右脚上前，用右掌兜打我面门。

我用左手抓住敌来掌，右手扶手兜腮击打他的胳膊或者腮部。（图 65、图 66）

图63

图64

图65

图66

四路第三手　撤步

敌方左脚踩步上前，用左掌向我面部打来。

我提左脚撤步，右脚向上提起，同时用右掌格挡他的左手掌。（图 67、图 68）

四路第四手　金猫逼鼠

又名顶掌。

敌方用左手掌向我面部打来。

我右手一刁，格挡他的左掌，右脚上前成马步，双手击打他的肋下。（图 69、图 70）

图67

图68

图69

图70

四路第五手　顺掌

敌方右脚踩步上前，用右掌向我面部打来。

我左手抓住敌来拳，右手顺掌击打他的将台金钱穴位。（图 71、图 72）

四路第六手　月里偷桃

敌方用左手撇拿我的右掌。

我左手搭接敌来手，左掌砍击他的左手，我左掌收到右肩下。

他又用一反掉掌打来，我用右手掌往上搂接。（图 73、图 74）

图71

图72

图73

图74

四路第七手　砍掌

敌方左脚踩步上前，用左拳对我腰部打来。

我右手拐肘，左手抓住他的左手，右掌砍击他的腰部。（图 75、图 76）

四路第八手　荡子势

敌方用右腿踢我裆部。

我跳步躲开，右手朝上速甩，偏身后闪成卧势。（图 77、图 78）

图75

图76

图77

图78

四路第九手　掩手

敌方右脚上前，用右掌向我面部打来。

我右手掌往上刁掩，格挡他的右手掌。（图 79、图 80）

四路第十手　尖肘

敌方用左掌对我腰部打来，我用右手速甩格开敌掌。

他又用右拳对我腰部打来，我左手速裹，将他的右胳膊抬起，同时右肘击打他的胸部。（图 81、图 82）

图79

图80

图81

图82

四路第十一手　格掩手

敌方用左掌向我面部打来。

我左手掩格敌掌，两人变为马步。（图 83、图 84）

四路第十二手　猿猴献果

我身体急忙往后一坐退下，他左脚上前用左拳击打我腰部，我左手往下搭抓他的左手，右手打他一个反掉掌，他用右手掌来接我掌。（图 85、图 86）

图83

图84

图85

图86

四路第十三手　撤步

敌方用左手来搭我的右手腕，我左手磕掉来手，回转身来抓住他的右手腕，我撤步提右脚上前，他急忙退左脚。（图 87、图 88）

四路第十四手　顺掌

我攻他的右手，同时用右顺掌击打他的将台金钱穴。（图 89、图 90）

图87

图88

图89

图90

第五路　五虎拦路

五路计有七手。

五路第一手　挂龙势

敌方用左拳击打我腰部，我用右手朝下甩挡开敌来拳。

他下左脚摆步，用左掌向我面门打来，我下左脚摆步，左掌劈敌面部，成右弓步挂龙势。（图 91、图 92）

五路第二手　拗掌

拗掌，内藏有反擒拿。

敌方用右掌打来，我右手一掩挡。

他又用右手掌向我面门打来，我右手回转一抓，左手一拗掌，打他的右肩背。（图 93、图 94）

图91

图92

图93

图94

五路第三手　劈掌

敌方用左拳击打我面部，我用左手抓拿他的右手拳，左手劈掌或者是劈拳，打他的左肩。他退右脚，我催步上前。（图95、图96）

五路第四手　剁掌

敌方用右拳击打我腰部。

我左手速裹住敌手，将他的右胳膊抬起。右手剁掌、再左手一剁掌击敌。（图97、图98）

图95

图96

图97

图98

五路第五手　撤步摆手

敌方用左脚踩步上前，左拳击打我面部。

我左手朝上抓拿他的左手，提右脚就势踩步上前迎敌。（图 99、图 100）

五路第六手　顺水推舟

敌方用左手拳向我打来，我左手抓住敌来手，右手成虎掌对他的腰部横击打，右脚封住他的左脚推他倒地。（图 101、图 102）

图99

图100

图101

图102

五路第七手　顺风掌

敌方用右脚踩步上前，用右掌向我打来。

我用左手抓住敌来手，右手顺掌击打他的将台金钱穴部位。（图 103、图 104）

第六路　张飞捆猪

六路计有十三手。

六路第一手　袖里抽刀

敌方用左手搂勾我右手腕，我用力前送再牵他过来，我左手磕掉他的左手，身体向后卧成败势。（图 105、图 106）

图103

图104

图105

图106

六路第二手　中步跺脚

敌方用左拳对我腰部打来，我用左手往下速甩开敌来拳，右跺脚踢击他的凤尾穴。（图 107、图 108）

六路第三手　劈拳

我用右手劈拳击打敌方，他右手一击拳来接按防守。（图 109、图 110）

图107

图108

图109

图110

六路第四手　外靠撩洗锤

敌方用左脚上前用左手拳击打我腰部，我身体下沉左脚成马步，用右拳外靠击打他左手腕。（图 111、图 112）

六路第五手　里靠环滚拳

敌方用右脚踩步上前，用右拳靠击打我。

我原步收右脚变虚步，右拳随身回转靠击敌来拳。（图 113、图 114）

图111

图112

图113

图114

六路第六手　扳拳

敌方用右手过头扳拳来打我，我用右扳拳朝上搂接。（图 115、图 116）

六路第七手　蹦掌

敌方使用右扳拳时，我右手回转抓住敌右手腕，急用左掌压按他右肩背门，扑他倒地。（图 117、图 118）

图115

图116

图117

图118

六路第八手　鸡心拳鬼点灯

敌方用左拳对我面部打来，我用左手抓住他的左手，用右手成鸡心拳对他的眼珠一鬼点灯揍击他面部。（图 119、图 120）

六路第九手　刁掩手

敌方用右掌向我打来，我用右手朝上刁掩格防，原步向后一跳退下。（图 121、图 122）

图119

图120

图121

图122

六路第十手　撤步擒拿

敌方赶上用双手拳击打我腰部，我用双手往上一挡一扒，分开他的二胳膊，急忙向后撤步。（图 123、图 124）

六路第十一手　张飞捆猪

张飞捆猪，拿肉上案。

敌方急忙退步，我连忙赶上用左手抓拿住他的右胳膊，右手扒拿他的右大胯丢他倒地。（图 125、图 126）

图123

图124

图125

图126

六路第十二手　拗掌

敌方用左脚踩步上前，用左掌向我打来。

我右手抓住敌来手，左掌打击敌的左胸前。（图 127、图 128）

六路第十三手　顺风掌

敌方用右脚踩步上前，用右掌向我打来。

我用左手抓住他右手，右手顺掌击打他的将台金钱穴位。（图 129、图 130）

图127

图128

图129

图130

第七路　飞虎上殿

七路计有七手。

七路第一手　飞虎上殿

敌方用双手拳对我两边耳门穴贯拳打来，我用双手掌迎面合拢来防守。

我左脚踢击敌腹部，他用双手往下塌按防守。（图 131、图 132）

七路第二手　蜈蚣撑夹

敌方急忙往后退下，我连忙追赶上。他右手过头对我扳拳打击，我双手朝上一架分开，藏身于他的肋下，左手抓住他的右胳膊，右手拿住他的右大胯向前猛力一送摔他倒地。（图 133、图 134）

图131

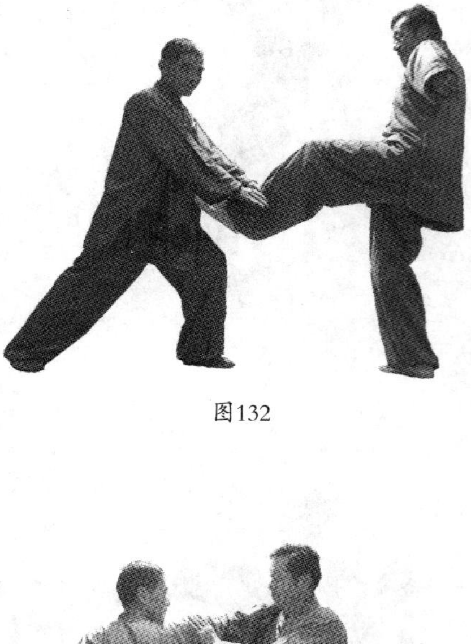

图132

图133

图134

七路第三手　拗掌

敌方用左脚踩步上前，用左掌对我面部打来。

我右手抓住他左手，左手拗掌击打他的右前胸。（图 135、图 136）

七路第四手　顺风掌

敌方用右脚踩步上前，用右掌向我打来。

我左手抓住他右手，右手顺掌击打他的将台金钱穴。（图 137、图 138）

图135

图136

图137

图138

七路第五手　砍掌

敌方换左脚踩步上前，用左拳对我腰部打来。

我右手一歪拐肘，左手刁抓得他的左手，右掌砍击他的腰部。（图 139、图 140）

七路第六手　荡子

敌方用右脚对我踢来，我右手往下速甩格挡，身体稍偏上前一跳步。（图 141、图 142）

图139

图140

图141

图142

七路第七手　裹手拗探马

敌方赶上过头用右拳向我打来，我右手速抓住敌来拳。他又过头左拳向我打来，我又用左手抓住敌拳，右手拗掌击打他的左肩。（图 143、图 144）

第八路　鸡子穿帘

八路，计有十三手。

八路第一手　八卦分图

敌方用右手抓拿我右手，我右手过头用力一送，右脚上前摆扫一腿，牵引他过来。（图 145、图 146）

图143

图144

图145

图146

八路第二手　金蝉脱壳

敌方用右手抓拿我的右手，我左手磕挡防守，身体随之往后一卧。（图 147、图 148）

八路第三手　鹞子穿林

敌方用右拳击打我腰部，我用左手往下速甩防守。

他右掌向我打来，我用左手接他手，使他左手抬起来。我再沉身摆膝，用右肘击打他的胸部肋下。（图 149、图 150）

图147

图148

图149

图150

八路第四手　后步跸撇子

敌方用左拳对我腰部打来，我右手向后速甩防开，同时右脚使跸撇子别勾住敌右脚。（图 151、图 152）

八路第五手　前跸撇子

敌方用右拳对我腰部打来，我左手朝下速甩挡开，同时左脚向前对敌一撇扫腿，他急忙退右脚。（图 153、图 154）

图151

图152

图153

图154

八路第六手　左砍掌

敌方用右手滚打我腰部，我左手一歪拐肘，右手抓住他的右手腕，再用左手砍击他的下腹部。（图 155、图 156）

八路第七手　双龙抱柱怀抱月

我急忙往后一退坐下，敌左脚上前赶一步，并用左扣拳向我打来，我双手合抱住他的左手，身体下沉。（图 157、图 158）

图155

图156

图157

图158

八路第八手　拗步刺砍掌

敌方收回左拳，又左拳过头向我打来。我用左手抓住敌左手拳，右手对他的肋下猛力砍掌。（图 159、图 160）

八路第九手　孤竹敝笋

敌方用右手过头一拳向我打来，我右手抓住他右手，左手拐肘向上挑敌肘。我右脚收回，左脚上前成马步。他急忙退左脚一步成马步。（图 161、图 162）

图159

图160

图161

图162

八路第十手　顺手牵羊

敌方用左手过头向我一拳打来，我左手抓住他左手，右手拍击他的右肩，同时我退左脚牵引摔他倒地。（图 163、图 164）

八路第十一手　顺手牵牛

敌方用右脚上前右手过头向我一拳打来，我右脚收回半步，用右手抓住他右手，左手拍击他的右肩，扑压他倒地。（图 165、图 166）

图163

图164

图165

图166

八路第十二手　刁掩手

敌方用左脚上前，用左掌向我面部打来。

我右手向上刁掩格挡其左手。（图 167、图 168）

八路第十三手　顺风掌

敌方用右脚踩步上前，用右掌向我面部打来。

我左手抓住其右手，右手顺掌击打他的胸部。（图 169、图 170）

图167

图168

图169

图170

第九路　双龙抱柱

九路，计有九手。

九路第一手　袖里抽刀

敌方用左手来抓我右手，我右手用力一送将他牵过来，用左手格开敌左手，右脚向前撇别住敌方，左手回转来拍击他的左肩，扑压他倒地。（图171、图172）

九路第二手　二龙戏珠

敌方用右掌或者拳向我面部打来，我左手抓住其来手，右手并二指插击他的眼珠。（图173、图174）

图171

图172

图173

图174

九路第三手　白马分鬃

敌方用双拳对我的胸前打来，我右脚换步上前，双手向上格挡分开他的双手臂。

敌方又用双手拳翻起变掌打我，我用双手拦格其双手。（图 175、图 176）

九路第四手　马口掌

又可称双龙抱柱。

敌方用双手抓来我的两胳膊，我双手朝上分裹敌手，反袭击打他的两胳膊，左脚上前，用双掌对敌的胸前猛力推击，扑推他倒地。（图 177、图 178）

图175

图176

图177

图178

九路第五手　扯虎顺掌

敌方用右掌向我打来，我左手抓住他右手，右手虎掌对他的胸部猛力击打。（图 179、图 180）

九路第六手　挑肘黄莺撇翅

敌方用左手过头一拳对我面部打来，我左手抓住其来拳，右手拐肘朝上挑顶，随手拍击他的面部，右手拐肘朝下用关节处压制敌左肩臂，别拿他的左胳膊。（图 181、图 182）

图179

图180

图181

图182

九路第七手　跑荡子

敌方用右脚踢我裆下，我右手往下速甩阻防敌来踢，低头偏身闪躲，再向前一个跳步。（图 183、图 184）

九路第八手　金盆泼水

敌方赶上右手过头一拳向我打来，我右手朝上抓住其手再往下压拿。

敌方又用左手过头一拳打来，我用左手抓住其左手，提左脚对他的尾骨穴扫踢，右手拍击他的左肩，扑压他倒地。（图 185、图 186）

图183

图184

图185

图186

九路第九手　剁掌

敌方用右拳对我腰部打来，我左手速裹抬起他的右胳膊，右手剁掌击打他的下腹。（图 187、图 188）

第十路　窝里翻蛋

十路，计有十五手。

十路第一手　窝里翻蛋

敌方用左手抓拿我的右手，我左手砍掉他的左手，右手朝上一翻，右脚上前用右手扳拳击打他的面部，他急退右脚。（图 189、图 190）

图187

图188

图189

图190

十路第二手　金鸡摁窝摆膝肘

敌方用右拳对我腰部打来，我用左手往下格挡开。

敌方踩步用右掌向我打来，我右手掩手格挡，左手抱住他右胳膊，用右肘打击敌方面部。（图 191、图 192）

十路第三手　中步拗掌

敌方踩步左掌向我打来，我右手抓住其来手，左掌击打他的左边将台穴位。（图 193、图 194）

图191

图192

图193

图194

十路第四手　踏手

敌方用左脚踢我下阴部、左掌同时向我上部打来。我退右脚用左手拍击他的右脚来防守，右手掩挡他的右掌。（图 195、图 196）

十路第五手　洗拳

敌方转身一步用左脚踢击我下阴部，我退左脚用右拳砸击打他的左脚背。（图 197、图 198）

图195

图196

图197

图198

十路第六手　横腰砍掌

敌方用右拳向我打来，我用左手抓住来手往上压挑挡防。

敌方又用左手过头一拳向我打来，我用左手朝上抓住其来拳，他退步、我上步，用右手对他腰部横掌砍击。（图 199、图 200）

十路第七手　锁喉掌

敌方用右手拳对我胸部打来，我用左手抓住其来拳，右肘朝下压制他的右胳膊，右手对其咽喉叉掌锁喉，迫使他倒地。（图 201、图 202）

图199

图200

图201

图202

十路第八手　刁掩手

敌方用左掌向我打来，我原步不动右手朝上刁掩防守，急忙往后闪退一步卧下。（图 203、图 204）

十路第九手　右肩靠

敌方赶上用双手拳或者用右手单拳向我打来，我沉身进步用双手往下一扒速裹挡防，他急忙撤步。我连忙上步，用左手抱住他右肩膀，左脚上前用肩靠击。（图 205、图 206）

图203

图204

图205

图206

十路第十手　后跸撇

敌方用左手抓住我右肩，我右肩前送，左手磕掉他左手，右腿后屈半蹲，我左手回转来拍击他的左肩，扑压他倒地。（图 207、图 208）

十路第十一手　剁掌

敌方用右手对我腰部一拳打来，我左手迷裹敌手上绞过头来防守，用右剁掌打他的下腹。（图 209、图 210）

图207

图208

图209

图210

十路第十二手　双劈腿

双方身体向右转体车面过来，都挽正云手，双手拍击右脚背成双劈腿。（图 211、图 212）

十路第十三手　十字腿

打探马

两人同样姿势。左手角膝沉身打探马，右手甩于体后、左手向上撑掌。（图 213）

十路第十四手

左手甩于体后，右手拍击左脚背打十字腿。（图 214）

图211

图212

图213

图214

两人同样做反云手，向左转身双手拍打右脚底部做双挂腿。（图 215）

滚挂腿，二起飞脚：此手不是正手。左脚涉步跳起，右手拍击腾空踢起的右脚背。（图 216）

身体右弓步挽正云手，左手甩于体后下方，右掌向上撑掌。（图 217）

转过身来，右腿直立，左腿屈膝提起，左手肘尖贴近左膝上，目视前方。（图 218）

图215

图216

图217

图218

十路第十五手　单鞭势

左手直臂向前推掌，右掌在体右侧上方屈臂架掌，高于头顶。身体屈膝落成马步，目视左侧前方。（图 219）

二人向前行文武请手拳礼。（图 220）

并步收势。（图 221）

至此，武当熊门总堂太乙大金刚十路拳法完毕。

图219

图220

图221

（演练：胡柏树、汪汉平）

第二节　武当熊门二堂太乙小金刚十路拳法

武当熊门太乙二堂小金刚十路拳法，共计有 157 手。

一路名开横掌，一路计有十一手。

二路名扶手掌，二路计有十六手。

三路名横腰砍掌，三路计有十二手。

四路名海底捞沙，四路计有十六手。

五路名扫花炮，五路计有十二手。

六路名白马分鬃腿，六路计有十七手。

七路名落膝连肘，七路计有十七手。

八路名通天炮，八路计有十七手。

九路名卧栏腿，九路计有十九手。

十路名拗托掌，十路计有二十手。

第一路　开横掌

一路，计有十一手。

一路第一手　刁掩手

敌方用左掌向我打来。

我成马步用左手来掩挡格防。（图 1、图 2）

图1

图2

一路第二手　剁掌

敌方用右脚上前成右弓步，用右拳对我腰部打来。

我左手速裹，抬起他的右胳膊，左手剁掌击打他的下腹。（图 3、图 4）

一路第三手　速甩手

敌方原步用左拳对我腰部打来。

我原步用右勾手朝下速甩来格挡开。（图 5、图 6）

图3

图4

图5

图6

一路第四手　剁腿

我右脚踢击他的下裆。

敌方退右脚，用双手掌往下塌按拍打我脚背。（图 7、图 8）

一路第五手　拗掌

敌方向前左掌朝我打来。

我右手抓住他来手，左手拗掌，击打他的左胸部。（图 9、图 10）

图7

图8

图9

图10

一路第六手　速掩手

敌方用左脚收成左虚步，右手对我腰部一拳，又翻右掌拍打我。

我左脚收成右虚步，左手朝下速甩，右手格掩他来手。（图 11、图 12）

一路第七手　排膝肘

我抡起左手抬托敌右胳膊，右脚向前落地成马步，用右肘击打他的将台穴位。

敌方退左脚成马步。（图 13、图 14）

图11

图12

图13

图14

一路第八手　拗掌

敌方用左脚上前，用左掌来打我。

我左手抓住他来手，左手拗掌击打他的将台穴位。（图 15、图 16）

一路第九手　顺掌

敌方上成马步，用右掌来打我。

我左手抓住来手，右手顺掌，对他的金钱穴位打击。（图 17、图 18）

图15

图16

图17

图18

一路第十手　荡子提膝甩手

敌方翻起左掌拍打我。后用右拳对我腰部打来。

我先用右手往下速甩挡开，左手上掩，后用右手下甩，右脚向前一步闪身躲开。（图 19、图 20）

一路第十一手　荡子跑手

我方用右脚向前一跳，左脚上前成左弓步，右手后甩，左手往上亮掌架撑，等他赶上。（图 21、图 22）

图19

图20

图21

图22

第二路　扶手掌

二路，计有十六手。

二路第一手　中步拗掌

敌方用左脚上前成左弓步，用左掌来打我。

我右手抓住来手，左手拗掌击打他的将台穴。（图 23、图 24）

二路第二手　下搭手

敌方用右手对我的腰部打来。

我用左手往下搭抓来手。（图 25、图 26）

图23

图24

图25

图26

二路第三手　上爪手

敌方用右手翻拳对我面部打来。

我左手往上抓住他的右手腕。（图 27、图 28）

二路第四手　手砍掌

我抓住敌右手腕，右脚上前成马步，右掌砍击他的腰部。（图 29、图 30）

图27

图28

图29

图30

二路第五手　刁掩手

敌方用左掌原步来打我。

我右手朝上刁掩格防。（图 31、图 32）

二路第六手　磕托手

我原步右手上刁，往后沉身下闪。

敌方用左手紧握住我右手，他左脚亦随之跟上。

我左手磕掌，磕掉敌左手。（图 33、图 34）

图31

图32

图33

图34

二路第七手　速甩手

敌方用右拳对我腰部打来。

我左手往下速甩，隔挡他的右手臂。（图 35、图 36）

二路第八手　剁腿

我左脚提起踢击敌方下裆。

敌方用左脚撤步，双手朝下塌按我之踢腿。（图 37、图 38）

图35

图36

图37

图38

二路第九手　劈拳

敌方用右拳对我面部扳拳打来。

我右手对他面部劈拳。（图 39、图 40）

二路第十手　一速一掩手

敌方用左手对我腰部一拳打来，翻起变掌又来打我。

我右手往下速甩格防，左手朝上掩挡他来手。（图 41、图 42）

图39

图40

图41

图42

二路第十一手　肘子

我右手上托起敌方用左胳膊，用左肘击打他的胸部。（图 43、图 44）

二路第十二手　拗拳

敌方踩步上来用右掌来打我。

我左手抓住敌方来手，右拳击打他的将台穴。（图 45、图 46）

图43

图44

图45

图46

二路第十三手　顺掌

敌方踩步上来用左掌来打我。

我右手抓住他来手，左手顺掌击打他的金钱穴。（图 47、图 48）

二路第十四手　荡子隔手

敌方用右拳翻起变掌来打我。后用左拳击打我腰部。

我左手速甩，右手掩隔，左手再往下一甩，提右脚闪身躲开。（图 49、图 50）

图47

图48

图49

图50

二路第十五手　荡子跑走

敌方赶上对我打来左扳拳，右手掌又来击打我。

我左手甩后，右手掩挡，提左脚向前一跳闪身躲开。（图 51、图 52）

二路第十六手　双荡子跑手

我左脚向前落步涉跳，右脚向前落成右弓步。（图 53）

图51

图52

图53

第三路　横腰砍掌

三路，计有十二手。

三路第一手　兜腮扶手

敌方用右脚赶上，上前用右掌来打我。

我左手抓住他来手，右手虎掌对他兜腮打去。（图 54、图 55）

三路第二手　撤步拿手

敌方用左手抓拿我右手掌。

我左脚撤步落地，提右脚向前落步，左手抓住他的左手腕。（图 56、图 57）

图54

图55

图56

图57

三路第三手　横砍掌

我抓住敌方的左手腕，用右手横砍，右脚别住他的左脚，右掌推他倒地。（图 58、图 59）

三路第四手　塌砍掌

敌方用右手搬挡我右手掌。

我左手朝下砍掉敌方来手，左手后带收到左耳边。（图 60、图 61）

图58

图59

图60

图61

三路第五手　洗锤

敌方用右脚对我裆下踢来。

我闪身下沉用右手洗锤格挡击打他的脚背。（图 62、图 63）

三路第六手　兜腮扶手

敌方用左掌来打我。

我用右手抓住他来手，左手虎掌兜打他腮帮。（图 64、图 65）

图62

图63

图64

图65

三路第七手　速甩手

敌方用右拳对我腰部打来。

我用左手朝下速甩手格防。（图 66、图 67）

三路第八手　剁腿

我左脚踢击敌胸前。

敌方退左脚，用双手往下塌按拍打我左脚来防守。（图 68、图 69）

图66

图67

图68

图69

三路第九手 劈锤

我左脚落地，右手劈拳击打敌方面部。

敌方用右手拳往上扳架格防。（图 70、图 71）

三路第十手 前剁子扫腿

我右手抓住敌方用右手腕，左手掌击他的右肩穴道，右脚向前一扫腿拦挡他的右脚，牵扑他倒地。（图 72、图 73）

图70

图71

图72

图73

三路第十一手　中步拗掌

敌方踩步上来用左掌来打我。

我右手抓住他左手，左手拗掌击打他的将台穴位。（图 74、图 75）

三路第十二手　扣拳

敌方用右掌来打我。

我左手抓住他右手，向前摆步对他扣拳打去。（图 76、图 77）

图74

图75

图76

图77

第四路　海底捞沙

四路，计有十六手。

四路第一手　刁掩手

敌方用左掌来打我。

我右手刁掩挡防。（图 78、图 79）

四路第二手　裹抬托手

敌方用右拳对我腰部打来。

我左手速裹，将他的右胳膊抬起。（图 80、图 81）

图78

图79

图80

图81

四路第三手　尖肘点心

我左手抬起敌方的右胳膊，用右肘击打他的胸前，左脚插进他的前裆，推他倒地。（图 82、图 83）

四路第四手　撇子扫腿

敌方左拳对我腰部打来。

我左腿横扫他的右腿，左手速甩阻挡他的左拳。（图 84、图 85）

图82

图83

图84

图85

四路第五手　刁掩手

敌方用右掌来打我。

我左手往上架格刁掩挡防。（图 86、图 87）

四路第六手　裹抬托手

敌方用左拳对我腰部打来。

我右手速裹，将他的左胳膊抬起。（图 88、图 89）

图86

图87

图88

图89

四路第七手　拗步尖肘点心

我右手将敌方左胳膊抬起，用左肘击打他的心窝。（图 90、图 91）

四路第八手　速膝勾手

敌方踩步过来用左拳打我。

我转身过来，用左手向膝下速甩挡防。（图 92、图 93）

图90

图91

图92

图93

四路第九手　剁腿

我右脚收半步，用左脚向敌方胸前踢击。

敌方退步用双手朝下塌按阻击我脚来踢。（图 94、图 95）

四路第十手　劈锤

我右拳对敌面部一劈锤。

敌方右拳阻挡来防。（图 96、图 97）

图94

图95

图96

图97

四路第十一手　速膝甩手

敌方踩步转过面来，用右拳击打我腰部。

我急忙转过面来，用右手往膝下一速甩挡开敌方之来打。（图 98、图 99）

四路第十二手　剁腿

我右脚对敌方的胸部踢去。

敌方退步用双手往下一塌按阻挡我来踢。（图 100、图 101）

图98

图99

图100

图101

四路第十三手　拗掌

敌方踩步用左掌来打我。

我右手抓住敌方用左手，左掌击打敌方的将台穴道。（图 102、图 103）

四路第十四手　顺掌

敌方用右掌来打我。

我左手抓住敌方用右手，用右掌击打敌方的金钱穴道。（图 104、图 105）

图102

图103

图104

图105

四路第十五手　荡子

敌方用左拳来击打我腰部，又变翻掌打来。

我右手往下甩压阻挡敌方来手，左手掩手格挡。

敌方又用右拳来打。

我右手勾挂后甩提起右脚阻挡。（图 106、图 107）

四路第十六手　荡子跑手

我提起右脚向前落地一个涉跳，左脚上前成左弓步。（图 108）

图106

图107

图108

第五路　扫花炮

五路，计有十二手。

五路第一手　中步拗掌

敌方赶上用左掌来打我。

我右手抓住他左手，左掌击打他腰部。（图 109、图 110）

五路第二手　倒步掩手

敌方用右掌来打我。

我左手倒步掩手挡防。（图 111、图 112）

图109

图110

图111

图112

五路第三手　扣拳

敌方用左拳对我面部打来。

我右脚上步成马步，左手抓住他左手，右手对他腰部猛力扣拳击打。（图 113、图 114）

五路第四手　涉步十字拗腿

我涉步跳起用右脚对敌方前胸踢击，同时标拳对他面部打去。

敌方用左手往下塌按阻隔我脚来踢，用右手格挡我左手拳。（图 115、图 116）

图113

图114

图115

图116

五路第五手　弓步扣拳

敌方用左手对我面部一拳打来。

我左手抓住他左手，右手扣拳对他腰部猛力打击。（图 117、图 118）

五路第六手　刁掩手

敌方用右掌来打我。（图 119、图 120）

图117

图118

图119

图120

五路第七手　洗拳

敌方用左脚踢击我腰部。

我原步躲闪，右手向下洗拳击打他的脚背。（图 121、图 122）

五路第八手　大裹手拗探马

敌方用右拳对我面部打来。我用右手裹压挡开。

敌方用左拳对我面部打来。我左手抓住他左手，右掌对他的左肩井穴道击打。（图 123、图 124）

图121

图122

图123

图124

五路第九手　沉身速甩手

敌方用右拳来打我。

我身体下沉，左手往下速甩阻挡他来拳，同时收撤左脚。（图 125、图 126）

五路第十手　射腿

我偏身用左射腿对敌方踢击。

敌方沉身用双手下按压来挡防我踢腿。（图 127、图 128）

图125

图126

图127

图128

五路第十一手　雀步垫跳

敌方转身车过面来，左脚上前落地，右脚赶上左脚垫步跳起，用双手抓拿我的右脚。（图 129、图 130）

五路第十二手　猫兜洗面

我车过面来，右脚收变成右虚步。

敌方双掌往上来打我。

我双手分隔阻击他双手来打，不停用双手耙爪手对他面部打击。（图 131、图 132）

图129

图130

图131

图132

第六路　白马分鬃腿

六路，计有十七手。

六路第一手　双劈腿

我右腿脚向上踢起，接着向下低身，用双手接按敌方立右脚。（图 133、图 134）

六路第二手　扶手兜腿

敌方用左掌来打我。

我右手抓住敌左手腕，左手虎掌兜打他腮帮。（图 135、图 136）

图133

图134

图135

图136

六路第三手　角膝掩手

敌方用右掌来打我。

我左脚上提顶膝，右掩手阻击他来打。（图 137、图 138）

六路第四手　下插仆步

我左手下插，勾拿敌方的右脚。

敌方用右手下插隔挡我的右手。（图 139、图 140）

图137

图138

图139

图140

六路第五手　扶手

敌方用左掌来打我。

我右手抓住他左手，左手兜掌击打他前胸或腹部。（图 141、图 142）

六路第六手　速甩手

敌方用右拳对我腰部打来。

我左手往下速甩阻挡敌之来打。（图 143、图 144）

图141

图142

图143

图144

六路第七手　剁腿

我左脚剁腿对敌方踢击。

敌方双手向下塌按来阻挡。（图 145、图 146）

六路第八手　劈拳

我右劈拳击打敌方面部。

敌方用右拳扳摆来阻挡。（图 147、图 148）

图145

图146

图147

图148

六路第九手　顺手牵羊

我右手回转抓住敌方的右手往后挽带，身体往后坐卧，左手拍击他的右肩井穴道，同时带他倒地。（图 149、图 150）

六路第十手　霸王开弓弹腿

我左脚涉跳起来，踢击敌方身体上部。

敌方用双手往下塌按来阻挡。（图 151、图 152）

图149

图150

图151

图152

六路第十一手　醉砍掌

敌方用左拳对我面部打来。

我左手抓住他左手，右掌拗削砍击他肋部。（图 153、图 154）

六路第十二手　左二起脚

我左脚涉步跳起踢敌方一腿，左拳击打他面部。

敌方用右手往下塌按阻击我踢腿，左手隔挡我左拳。（图 155、图 156）

图153

图154

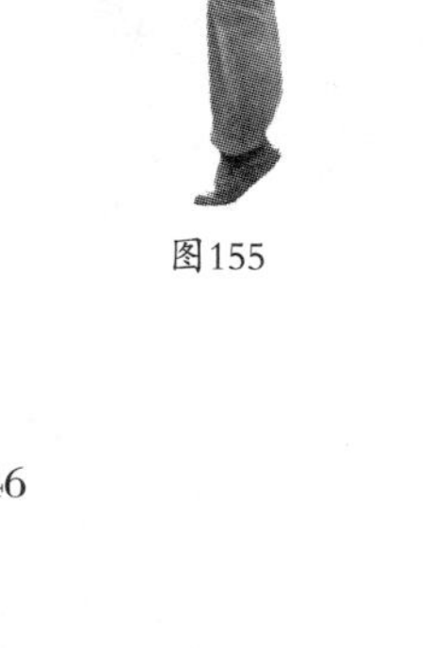

图155

图156

六路第十三手　通天炮

我右劈拳击打敌方面部。

敌方右扳拳挡隔我击打。（图 157、图 158）

六路第十四手　十字腿

我左标手击敌方面部，右脚踢击他前胸。

他右手掩挡我标手，左手朝下塌按我右脚踢击。（图 159、图 160）

图157

图158

图159

图160

六路第十五手　扣拳

敌方用右拳对我面部打来。

我左手抓住他右手。右手扣拳向前打击他肋部，右脚撤步成右弓步。（图 161、图 162）

六路第十六手　顺掌

敌方踩步用左掌来打我。

我右手抓住他左手，用左掌顺势击打他前胸。（图 163、图 164）

六路第十七手　荡子跑手

打完就跑，名为荡子跑手。（图 165）

图161

图162

图163

图164

第七路　落膝连肘

七路，计有二十六手。

七路第一手　拐肘压

敌方用右拳来打我。

我左手抓住他右手，右肘压制其手臂擒拿之。（图 166）

七路第二手　吞掌

我右手虎爪向敌方之咽喉或腮帮猛撑击。（图 167）

七路第三手　磕拳

敌方将我右手抓着，我用左拳磕打他身体前部。（图 168）

图165

图166

图167

图168

七路第四手　二起脚跳钻

我左脚蹬地发力、右脚涉步腾空跳起，右脚向敌方上部踢击，右手拍击右脚背面。（图 169）

七路第五手　劈掌

右脚落地成右弓步，向前左劈掌。（图 170）

七路第六手　十字腿

我双脚蹬地腾空涉跳起来，右手拍打左脚背做十字腿。（图 171）

七路第七手　回身仆步

我右掌往上撑成亮掌，左手后甩，左脚回身下落成左仆步。（图 172）

图169

图170

图171

图172

七路第八手　掩手

我右手向前抓手，左脚摆步时出左掌掩手。（图 173）

七路第九手　马蹄肘

我左手朝下裹起，右肘向上挑击。（图 174）

七路第十手　回砍掌

我身体成马步，左手抓爪，右手回头向敌方侧砍掌。（图 175）

七路第十一手　荡子跑手

我右脚上前屈膝提起，左手朝上撑掌，右勾手后甩。（图 176）

图173

图174

图175

图176

七路第十二手　荡子过手

我右脚落地跳起，左脚上前成左弓步。（图 177）

七路第十三手　拐肘压

我左脚上前成马步，右手向前抓爪，翻左臂屈肘下压。（图 178）

七路第十四手　吞掌

我左手向前标手，叉敌方之咽喉。（图 179）

七路第十五手　磕掌

向左边我右手磕掌砍击。（图 180）

图177

图178

图179

图180

七路第十六手　二起跳钻脚

我右脚涉步跳起，左脚钻腿上踢，左手在空中拍击左脚背面。（图 181）

七路第十七手　劈掌

我左脚上前成左弓步，右掌向前劈下。（图 182）

七路第十八手　十字腿

我右手后甩，左脚涉步跳起，向上右钻腿踢击，左手拍击右脚背面。（图 183）

七路第十九手　右插仆步

我转身过来向右，右脚插成仆步。（图 184）

图181

图182

图183

图184

七路第二十手　摆步掩手

摆步，左手抓手，右手掩手。（图 185）

七路第二十一手　马蹄肘

我右手速裹起来，贴靠在左肩，向前左肘挑击。（图 186）

七路第二十二手　回身砍掌

我右手抓爪，身体向左转身过来，左手回头砍掌。（图 187）

七路第二十三手　荡子甩手

我右脚半蹲，左手甩于身体左后下，左腿屈膝提起，右肘尖贴近于左膝上，右臂屈臂立掌。（图 188）

图185

图186

图187

图188

七路第二十四手　荡子过手

我右手往上侧撑亮掌，左脚跳步落地，右脚上前成右弓步。（图 189）

七路第二十五手　荡子过手

我身体车转面来，右腿半蹲，左手甩于身体左后下，左腿屈膝提起，右手肘尖贴近于左膝上。（图 190）

七路第二十六手　荡子跑手

我右手往上侧撑亮掌，左脚跳步落地，右脚上前成右弓步。（图 191）

图189

图190

图191

第八路　通天炮

八路，计有十七手。

八路第一手　右扣拳

我右脚上前成马步，左手抓爪，右扣拳向前击打。（图 192）

八路第二手　左扣拳

我左脚上前成马步，右手抓爪，左扣拳向前击打。（图 193）

八路第三手　二起跳钻腿

我左手后甩，左脚涉步跳起右脚向上钻腿踢击，右手拍击右脚背面。（图 194）

八路第四手　劈拳

我右脚落地成右弓步，左手从体后向前抡臂劈拳。（图 195）

图192

图193

图194

图195

八路第五手　滑步十字腿

我左手后甩，右脚涉步跳起左脚向上钻腿踢击，右手拍击左脚背面。（图 196）

八路第六手　左扣拳

我左脚后滑落地成右弓步，左手从体后扣拳向前击打。（图 197）

八路第七手　顺掌

我左手向前抓手，右手顺掌侧击。（图 198）

八路第八手　荡子跑手

我身体变右弓步，右手屈臂立掌于右膝上方，左手甩于体左后下。（图 199）

图196

图197

图198

图199

八路第九手　荡子过手

我左腿独立，身体向左转身过来，右腿屈膝提起，右手随转身由下向前撑掌架于头右上方，左手向体左下方甩手。（图 200）

八路第十手　荡子跑手

我右脚后滑落步成左弓步，双手姿势保持不变。（图 201）

八路第十一手　左扣拳

我右手向前抓爪，右脚腾步跳起，随之上左脚落成左弓步，左手随转身跳起后，向左扣拳击打。（图 202）

八路第十二手　右扣拳

原步，左手抓爪，右手扣拳向前击打。（图 203）

图200

图201

图202

图203

八路第十三手　跳钻二起脚

我右手后下甩，右脚涉步跳起左脚向前钻腿踢击，左手在空中拍击左脚背面。（图 204）

八路第十四手　劈拳

我左脚上前落成左弓步，右手劈拳向前击打。（图 205）

八路第十五手　滑步十字腿

我右手后甩，右脚向上踢击，同时左手在空中拍击右脚背面。（图 206）

八路第十六手　滑步扣拳

我右脚滑步，身体下落成左弓步，右手扣拳向前击打。（图 207）

图204

图205

图206

图207

八路第十七手　顺掌

我双腿变成马步，右手回撤抓爪，左手向前顺掌侧击。（图 208）

第九路　卧栏腿

九路，计有十九手。

九路第一手　摆步掩手

我右脚撤步，右手抓爪，左手掩手，身体往后卧成败势。（图 209）

九路第二手　兜腮扶手

我左手抓爪，右手向前扶手向敌方兜腮击打。（图 210）

九路第三手　剁腿速甩

我右手往下速甩，右脚向上踢击。（图 211）

图208

图209

图210

图211

九路第四手　马蹄肘

我右脚上前落地成右弓步，右手往上裹托，左手屈臂向前肘击。（图 212）

九路第五手　拗钻腿

我左手后甩，左脚向上踢击，同时右手在空中拍击左脚背面。（图 213）

九路第六手　滚挂腿

我左脚落地反云手，身体向左转身，右脚向上、向左上方滚挂踢腿，同时双手在空中滚拍右脚背面。（图 214）

九路第七手　速甩沉势

我身体向左转身，屈臂身体双蹲下。右手后甩，左勾手朝后下。（图 215）

图212

图213

图214

图215

九路第八手　射腿

我偏身闪躲，右脚向上踢击。（图 216）

九路第九手　脚膝荡子

我左腿独立，右腿屈膝上提，左手屈肘贴近右顶膝上，右手后甩下落。（图 217）

九路第十手　荡子跑手

我右脚落地，左脚上前落步成左弓步，右手后下甩，左手往上撑成亮掌。（图 218）

九路第十一手　扶手

我右手抓爪，左手变扶手。（图 219）

图216

图217

图218

图219

九路第十二手　剁腿速甩

我左手往下速甩，右脚向上踢击。（图 220）

九路第十三手　马蹄肘

我左手裹手，右手盘肘向前顶击。（图 221）

九路第十四手　拗蹦腿

我右手后甩，左脚向上踢击，左手在空中拍击左脚背面。（图 222）

九路十五手　滚挂腿

我右脚落地，两手做正云手，身体向右转，左脚向前挂腿踢击，双手在空中拍击左脚面。（图 223）

图220

图221

图222

图223

九路第十六手　沉身速手

我身体往下沉身，左手速后甩，右手屈臂撑成亮掌。（图 224）

九路第十七手　左射腿

我身体向下偏沉，右射腿向上踢击。（图 225）

九路第十八手　荡子过手

我左脚上前落地，右腿独立，左腿屈膝提起，右屈肘，肘尖贴近左膝上方。（图 226）

九路第十九手　荡子跑手

我左脚落地涉跳，右脚上前成右弓步。（图 227）

图224

图225

图226

图227

第十路　拗托掌

十路，计有二十手。

十路第一手　拗掌

我左弓步站立，左手向前抓爪，右掌再向前推击。（图 228）

十路第二手　左拗掌

我原步，右手向前抓爪，再左立掌向前推击。（图 229）

十路第三手　右拗掌

我左手向前抓爪，右手拗掌向前推击。（图 230）

十路第四手　彦章摆渡

我右脚上前扫腿，右掌向左牵手，身体变过来成左弓步。（图 231）

图228

图229

图230

图231

十路第五手　袖内抽刀

我身体往后卧成败势，左掌向前磕击。（图 232）

十路第六手　撤步排膝托手

我左手裹起提起左脚，腾步落地后再屈膝提右脚上前，左手往头左上方推击。（图 233）

十路第七手　排膝肘子

我抬左手，右手屈臂向前横肘击打。（图 234）

十路第八手　扳拳

右脚提起，向前落地成右弓步，右扳拳向前击打。（图 235）

图232

图233

图234

图235

十路第九手　洗拳

我双脚腾空跳起涉步落下成马步，右手洗拳向右膝下方栽拳击打。（图 236）

十路第十手　猫兜洗脸

我右脚涉跳向上踢击，双手勾手向前抓爪。（图 237）

十路第十一手　压手

我右脚落地成右虚步，双手向胸，下按压。（图 238）

十路第十二手　劈拳

我右手抓爪，左手向前劈拳。（图 239）

图236

图237

图238

图239

十路第十三手　十字拗钻腿

我右腿独立，左手甩于体后下，左脚向上踢击，右手拍击左脚背面。（图 240）

十路第十四手　滚挂腿

我先一个反云手，右脚挂腿向上踢击，双手拍击右脚背面。（图 241）

十路第十五手　二起跳钻腿

我涉步腾空跳起，右脚向上踢击，右手拍击右脚背面。（图 242）

十路第十六手　迷甩观手

我右脚提起收回，右手往下甩手，左手往上屈臂撑成亮掌。（图 243）

图240

图241

图242

图243

十路第十七手　下插仆步

我右脚向前下插落成右仆步。（图 244）

十路第十八手　弓步云手

我身体蹲起变成右弓步，双手做云手，右手向前，左手后甩。（图 245）

十路第十九手　角膝

我做一个正云手，转身过来，右腿独立，左腿屈膝上提，左手屈肘立掌肘尖贴靠近左膝上，右手后甩。（图 246）

十路第二十手　正单鞭

我身体成马步，右手弯屈朝上架掌，左手向前单掌侧击。（图 247）

收势。

图244

图245

图246

图247

（演练：刘涛　云祥照）

第三节　武当熊门四堂太乙金刚拳

一路名长三拳，头路计有三十五手。
二路名揭地拳，二路计有三十一手。
三路名七星观斗，三路计有二十六手。
四路名迎风劈竹，四路计有十六手。
五路名迎风双揽，五路计有二十二手。
六路名吕布倒上桥，六路计有二十七手。

四堂太乙金刚拳动作图解

第一路　长三拳

一路，计有三十五手。

并步直立，准备开拳。（图 1）

一路第一手　半搬

左脚侧开步成卧势左弓步，同时勾右手后甩，左手屈臂亮掌撑架于头上方，目视前方。（图 2）

一路第二手　虚步抓手

右脚收半步成左虚步，同时左手向左前方抓爪，右手收于右腰际，目视前方。（图 3）

图1

图2

图3

一路第三手　蹬步劈拳

双脚蹬地踏步，左脚上前成左弓步，右手向前劈拳击打，左手附于右肩内侧立掌，目视前方。（图 4）

一路第四手　刁手

右脚收半步成虚步，右手朝上刁手，左掌立于右肘臂弯处，目视右前上方。（图 5）

一路第五手　顺拳

左脚提起向前半步落地成马步，右手随身体右转90度时回抓收于右腰际。同时，左手平肩高顺拳向前击打，目视前方。（图 6）

一路第六手　摆步掩手

右脚向后稍摆半步，左手屈臂做划圈掩手，目视前方。（图 7）

图4

图5

图6

图7

一路第七手　弓步扣拳

左手收到左腰际，左脚上前落成左弓步，右手向前扣拳击打，目视右拳。（图 8）

一路第八手　马步顺拳

向前盖步落地，右脚和左脚再上前成马步，身体右转之际时左手顺拳侧击，目视左拳。（图 9）

一路第九手　隔掩手

原步不变，左手屈臂绕一圈成掩隔，目视左手。（图 10）

一路第十手　弓步扎拳

左脚上前成左弓步，右手扎拳向前打击，左掌立于右肩内侧，目视右拳前方。（图 11）

图8

图9

图10

图11

一路第十一手　右十字腿

右手朝后下甩，右脚向前踢起，左手拍击右脚背面，打十字腿法。（图 12）

一路第十二手　转身双刁

转体 360 度向左侧过身来，右脚上前成马步，右手向前刁手，左手靠在右肩前，目视右手前方。（图 13）

一路第十三手　右剁腿

左腿独立，右手后下甩，右脚屈膝提起后向右侧上方剁腿踢起，左臂屈肘侧撑亮掌，目视右前方。（图 14）

一路第十四手　双刁手

右脚落地成右弓步，左手向前刁手，左掌立于左肘弯内侧，目视前方。（图 15）

图12

图13

图14

图15

一路第十五手　左剁腿

右腿独立，左手向体后下勾甩，左脚屈膝提起后向左侧上方剁腿踢起，右手屈臂撑亮掌，目视前方。（图 16）

一路第十六手　弓步劈拳

左脚上前落成左弓步，右手向前劈拳击打，左掌立于右臂内侧，目视前方。（图 17）

一路第十七手　十字腿

右手向后下勾甩，左腿独立，右脚向上踢击，左手拍击右脚背面打十字腿，目视前方。（图 18）

一路第十八手　趟子右爪手

身体向右后转，右脚随身体侧过面来落成右虚步，右手上抓，左勾手屈腕收于左腰，目视前方。（图 19）

图16

图17

图18

图19

一路第十九手　震脚劈拳

两脚震脚收回，右脚上前成右弓步，左手向前直劈拳，右掌立于左臂内侧，目视前方。（图 20）

一路第二十手　刁爪手

右脚向左脚并拢，左手朝上刁手，右手不变，目视前方。（图 21）

一路第二十一手　顺拳

身体微左转，右脚上前成马步，右手顺拳侧击，左臂屈臂勾手向后回拉，目视前方。（图 22）

一路第二十二手　摆步掩手

左脚稍向后摆一小步，右手掩手，左手不变，目视左前方。（图 23）

图20

图21

图22

图23

一路第二十三手　弓步扣拳

右脚上提落地成右弓步，右手收于右腰际，左手向前扣拳击打，目视前方。（图 24）

一路第二十四手　马步顺拳

左手屈臂一抓勾手回拉于左侧，右脚收回半步，右脚上前成马步，右手顺拳向前击打，目视前方。（图 25）

一路第二十五手　掩隔手

原步，右手掩隔，左手不变，目视右手前方。（图 26）

一路第二十六手　扎拳

右脚上前成右弓步，左手向前扎拳击打，右掌立于左臂内侧，目视前方。（图 27）

图24

图25

图26

图27

一路第二十七手　十字腿

左手向后下甩，右腿独立，左脚向上前踢，右手随之在空中拍击左脚背面，目视前上方。（图 28）

一路第二十八手　双刁掩手

身体向右转体 180 度，侧过面来落成马步，左手向前刁手，右掌立于左臂内侧，目视前方。（图 29）

一路第二十九手　左剁腿

左手往下勾甩，右手抱拳于胸前，左脚向前踢击，目视前方。（图 30）

一路第三十手　双刁手

左脚落地成左弓步，右手向前刁手，左掌立于右臂内侧，目视前方。（图 31）

图28

图29

图30

图31

一路第三十一手　右剁腿

右手勾手后甩，左掌屈臂上架亮掌于头左上方，右脚向前上踢击一腿，目视前方。（图 32）

一路第三十二手　劈拳

右脚落地成右弓步，左手向前劈拳击打，右掌立于左臂内侧，目视前方。（图 33）

一路第三十三手　十字腿

左手向后下甩，右脚独立，左腿向前上踢击，右手随之在空中拍击左脚背面，目视前方。（图 34）

一路第三十四手　甩趟子

左脚往后落地，身体后转右脚上前屈膝提起，右手向后下甩，左手屈肘成立掌，左肘贴近于右膝上，目视前方。（图 35）

图32

图33

图34

图35

一路第三十五手　单趟子

右脚上前涉跳一步，左脚上前成左弓步，右勾手向后下甩，左手臂向上撑掌架起，目视前方。（图 36）

说明 可以跑双趟子。

第二路　揭地拳

二路，计有三十一手。

二路第一手　右马蹄手

双手挽正云手，左脚上前成左弓步，右勾手向前下挂打，左掌立于右臂内侧，目视前方。（图 37）

二路第二手　左马蹄

一反云手，左脚向前腾步跳起一步落地，右脚上前成右弓步，左勾手向前下挂打，右掌立于左臂内侧，目视前方。（图 38）

图36

图37

图38

二路第三手　右马蹄

挽云手，右脚向前腾步跳起一步落地，换左脚上前成左弓步，右勾手向前下挂打，左掌立于右臂内侧，目视前方。（图 39）

二路第四手　开天手

左脚屈膝上提收回，双手往上交叉架起，目视前方。（图 40）

二路第五手　双扣拳

左脚向前腾步跳起落地，换右脚上前成右弓步，双手于体两侧分开后由下往上双扣拳击打，目视前方。（图 41）

二路第六手　双劈腿

左脚向前提起一步涉跳，左腿独立，右腿在体前做外摆踢，双手击打右脚背面，目视前方。（图 42）

图39

图40

图41

图42

二路第七手　双牵压手

身体往后下一卧成右虚步，左勾手落于右肘下，右掌屈臂下压，目视前方。（图 43）

二路第八手　扳拳

右脚上前成右弓步，右手向前扳拳击打，左掌立于右臂内侧，目视前方。（图 44）

二路第九手　劈拳

身体右转左脚上前成马步，左手上前劈拳，右掌立于左臂内侧，目视前方。（图 45）

二路第十手　腾步双分脚

左脚腾步收回，左腿独立，右脚屈膝上提，双手往上分开后收到两边腰际，目视前方。（图 46）

图43

图44

图45

图46

二路第十一手　推掌

右脚上前成右弓步，双手变虎掌向前推击，目视前方。（图 47）

二路第十二手　上步劈拳

左手抓爪，左脚上成左弓步，向前右劈拳打去，左掌立于右臂内侧，目视前方。（图 48）

二路第十三手　十字腿

右手向后下甩，左腿独立，右腿向上踢击，左手随之在空中拍击左脚背面，目视前方。（图 49）

二路第十四手　过趟子

右脚向后落地独立，左脚屈膝上提，左手向后甩下，右手屈臂架于右侧上方成撑掌，目视前方。（图 50）

图47

图48

图49

图50

二路第十五手　跳步趟子

左脚跳起落地，右脚上前成右弓步，双手姿势不变，目视前方。（图 51）

二路第十六手　左马蹄肘

挽反云手，左脚腾步收回，右脚上前成右弓步，左勾手向前挂打，右掌立于左臂内侧，目视前方。（图 52）

二路第十七手　右马蹄肘

挽正云手，右脚同时腾步收回，左脚上前成弓步，右勾手向前挂打，左掌立于右臂内侧，目视前方。（图 53）

二路第十八手　左马蹄肘

挽反云手，左脚腾步收回，右脚上前成右弓步，左勾手向前挂打，右掌立于左臂内侧，目视前方。（图 54）

图51

图52

图53

图54

二路第十九手　开天手

左腿独立，右脚屈膝上提，同时双手朝上架起，目视前方。（图 55）

二路第二十手　扣拳

右脚腾步跳起后落地换左脚上前，双手于体两侧分开后，再向前扣拳击打，目视前方。（图 56）

二路第二十一手　双劈腿

右脚向前涉步跳起，左脚向体前上方踢外摆腿，双手在空中拍击左脚背面，目视前方。（图 57）

二路第二十二手　牵羊双压

身体后坐成左仆步，右手前抓，左手下压，目视前方。（图 58）

图55

图56

图57

图58

二路第二十三手　扳拳

左脚上前成左弓步，左手向前扳拳打击，目视前方。（图 59）

二路第二十四手　马步劈拳

右脚上前成马步，右手上前劈拳打击，目视前方。（图 60）

二路第二十五手　提膝抱拳

左腿独立，右脚屈膝上提收回，双手往上分开到两边后抱拳收于腰际，目视前方。（图 61）

二路第二十六手　顿步推掌

腾步换跳右脚上前成右弓步，同时双手虎掌变勾拳向前击打，目视前方。（图 62）

图59

图60

图61

图62

二路第二十七手　单劈左拳

右脚上步成右弓步，右手前抓后立掌于左臂内侧，左手向前劈拳冲去，目视前方。（图 63）

二路第二十八手　十字腿

右腿独立，左手向后甩成勾手。左脚向前上方踢击，右手在空中拍击左脚背面，目视前方。（图 64）

二路第二十九手　角膝

左脚后落一步，身体转体 360 度侧转过身来，右脚上顶，左肘屈臂立掌角膝右膝上，右勾手落于体后，目视前方。（图 65）

二路第三十手　过趟子

右脚前跳落地，左脚上成左弓步，双手姿势不变，目视前方。（图 66）

图63

图64

图65

图66

二路第三十一手　掩手角膝跄双趟子

右手向右后甩下，左手掩手过来，左腿独立、右腿屈膝提起，左手屈臂立掌再角膝于右膝上，目视前方。（图 67）

右脚跳步上前落地，左脚上前成左弓步，右勾手后甩，左手屈臂上架亮掌，目视前方。（图 68）

第三路　七星观斗

三路，共有二十六手。

三路第一手　扳拳

左脚上前成左弓步，左手向前扳拳击打，目视前方。（图 69）

三路第二手　七星观斗

左手前抓，右脚上前成马步，右手屈臂成扣拳向前打击，目视前方。（图 70）

图67

图68

图69

图70

三路第三手　双劈腿

左脚涉跳起来，右脚向体前上方踢外摆腿，双手拍击右脚背面，目视前方。（图 71）

三路第四手　牵羊双压

右脚落地，双脚震脚落成右仆步，左手前抓后变勾手，右臂微屈肘立掌、左手同时下压，目视前方。（图 72）

三路第五手　扳拳

右脚上前成右弓步，右手向前打扳拳，左掌立于右臂内侧，目视前方。（图 73）

三路第六手　腾步双压

双脚换步跳转，身体转体 90 度落成左仆步，右手前抓，左手向下，双手下压，目视前方。（图 74）

图71

图72

图73

图74

三路第七手　扳拳

左脚上前成左弓步，左手向前打扳拳，右掌立于左臂内侧，目视前方。（图 75）

三路第八手　双抱拳

右脚独立，左脚屈膝上提收回，双手往上分开后下落抱拳到两边腰际，目视前方。（图 76）

三路第九手　虎掌双推

左脚腾步前跳落地，右脚上前成右弓步，双手虎掌向前推击，目视前方。（图 77）

三路第十手　十字腿

身体立起，左腿独立，左勾手向后甩，左脚向前上方踢击，右手在空中拍击左脚背面，目视前方。（图 78）

图75

图76

图77

图78

三路第十一手　过趟子

左脚向后落地，身体转过面来，右脚屈膝上提，右勾手后甩，左手屈臂立掌角膝于右膝上，目视前方。（图 79）

三路第十二手　跳步趟子

右脚上前跳步落地，左脚上前成左弓步，右手下勾，左掌屈臂亮掌架撑于左侧上方，目视前方。（图 80）

三路第十三手　右扳拳

右脚上前成右弓步，右手向前打扳拳，左掌立于右臂内侧，目视前方。（图 81）

三路第十四手　七星观斗

右手前抓，身体右转左脚上成马步，左手向前扣拳击打，目视前方。（图 82）

图79

图80

图81

图82

三路第十五手　双劈腿

右脚涉跳，左脚蹬地腾空外摆踢击，双手随之拍击左脚背面，目视前方。（图 83）

三路第十六手　牵羊双压

双脚震脚落成左仆步，同时右手前抓，左手向前下压，目视前方。（图 84）

三路第十七手　左扳拳

左脚变成左弓步，左手向前扳拳，右掌立于左臂内侧，目视前方。（图 85）

三路第十八手　双跳双压

左脚涉步跳起身体转体腾起来后落地成右仆步，左手前抓，右手和左手往下压手，目视前方。（图 86）

图83

图84

图85

图86

三路第十九手　右扳拳

右脚变成右弓步，右手向前打扳拳，左掌立于右臂内侧，目视前方。（图 87）

三路第二十手　双抱拳

右脚收回，腾步换跳左脚上前，右腿独立，左脚屈膝提起，双手往上分开后下落于两边腰际抱拳，目视前方。（图 88）

三路第二十一手　虎掌双推

左脚落地成左弓步，双手虎掌向前推击，目视前方。（图 89）

三路第二十二手　十字腿

右勾手后甩，左腿独立，右腿向前上方踢击，左手拍击右脚背面，目视前方。（图 90）

图87

图88

图89

图90

三路第二十三手　趟子

身体后转侧过面来，右脚落地独立，左脚屈膝提起，右手屈臂立掌角膝于左膝上，左勾手后甩，目视前方。（图 91）

三路第二十四手　趟子挑手

左脚跳步落地，右脚上前成右弓步，左勾手向后甩，右手屈臂立掌角膝于左膝上，目视前方。（图 92）

三路第二十五手　过双趟子

左勾手向后甩，右手屈臂立掌，目视前方。（图 93）

三路第二十六手　双趟子

左脚上前跳步落地，右脚上前成右弓步，右手屈臂亮掌架撑，左勾手不变，目视前方。（图 94）

图91

图92

图93

图94

第四路　迎风劈竹

四路计有十六手

四路第一手　顺劈左拳

身体左后微转右腿独立，左脚屈膝提起，右手屈肘立掌角膝于左膝上，左脚上前成马步，左手向前顺势劈拳，右掌立于左臂内侧，目视前方。（图 95、图 96）

四路第二手　拗劈右拳

两脚原地变成左弓步，右手向前拗劈拳，左掌立于右臂内侧，目视前方。（图 97）

四路第三手　上步顺劈拳

身体立起左腿独立，右腿屈膝上提，左手屈臂立掌角膝于右膝上，右勾手向后甩。

图95

图96

图97

右脚向前落成马步，右拳顺势向前劈拳，左掌立于右臂内侧，目视前方。（图 98、图 99）

四路第四手　拗劈拳

双腿变成右弓步，左手向前拗劈拳，右掌立于左臂内侧，目视前方。（图 100）

四路第五手　十字腿

右脚独立，左勾手向后甩，左腿向上踢击，右手拍击左脚背面，目视前方。（图 101）

图98

图99

图100

图101

四路第六手　拗劈拳

左脚上前落地成左弓步，右手上前拗劈拳，左掌立于右臂内侧，目视前方。（图 102）

四路第七手　顺掌

右勾手屈臂回拉，身体右转左脚上成马步，左手掌立向前顺掌推击，目视前方。（图 103）

四路第八手　过趟子

身体右转，右脚落地独立，左脚屈膝上提，右臂屈肘立掌角膝于左膝上，左勾手向后甩，目视前方。（图 104）

四路第九手　跑跳过单趟子

左脚上前跳步落地，右脚上前成右仆步，左勾手向后甩，右手屈臂亮撑于头右上方，目视前方。（图 105）

图102

图103

图104

图105

四路第十手　马步顺劈

右脚上前成马步，左手前抓后立掌于右臂内侧，右手向前顺势劈拳，目视前方。（图 106）

四路第十一手　马步拗劈

身体右转双腿变成右弓步，左手向前一拗劈拳，目视前方。（图 107）

四路第十二手　上步顺劈

左脚上前落步成马步，左手向前顺势劈拳。（图 108、图 109）

图106

图107

图108

图109

四路第十三手　拗劈拳

两腿变成左弓步，右手向前拗劈拳，左掌立于右臂内侧，目视前方。（图 110）

四路第十四手　十字腿

左脚独立身体立起，右勾手向后甩，右腿向上踢击，左手拍击右脚背面，目视前方。（图 111）

四路第十五手　拗劈拳

右脚上前落成右弓步，左手向前拗劈拳，右掌立于左臂内侧，目视前方。（图 112）

四路第十六手　顺掌

身体右转双腿成马步，右手向前顺掌击推，左勾手屈臂回拉，目视前方。（图 113）

说明 第四路完了之后，单双趟子姿势照前，再接第五路的动作，再可以减去跑趟子的姿势，不停打下去。

图110

图111

图112

图113

第五路　迎风双搅

五路，共有二十二手。

五路第一手　左仆步

挽正云手，左脚上前下插成左仆步，左勾手下落在左脚上方，右掌立于左臂内侧，目视前方。（图 114）

五路第二手　开天手

右腿独立身体立起，左腿屈膝上提，双手上架，目视前方。（图 115）

五路第三手　马口掌推

双手向两侧分开后收到两边腰际，左脚上前落地成左弓步，双手虎掌向前推出，目视前方。（图 116、图 117）

图114

图115

图116

图117

五路第四手　右仆步

反云手，左脚提跳，右脚上前下插成右仆步。同时，右手速勾手向后甩，落在右腿前上方，左掌立于右臂内侧，目视前方。（图 118）

五路第五手　双抱拳

左腿独立身体立起，右腿屈膝上提，双手上架后分别收于两边腰际抱拳，目视前方。（图 119）

五路第六手　马口掌双推

右脚上前成右弓步，双虎掌向前推出，目视前方。（图 120）

五路第七手　剁掌

右手屈臂绞手立掌，右脚提起后再向前落成右弓步，同时左手虎掌从腰际向前下剁掌下按击打后变勾手，右掌立于左臂内侧，目视前方。（图 121、图 122）

图118

图119

图120

图121

五路第八手　顺掌

身体左转收左脚、提右脚上前成马步，左手前抓后变勾手回拉，右手向前顺掌击打，目视前方。（图 123）

五路第九手　甩趟子

身体左转侧过面来，左脚独立，右脚屈膝上提，左手屈臂立掌角膝于左膝上，右勾手向后甩，目视前方。（图 124）

五路第十手　跑趟子

左脚后落，身体右转车面过来，右勾手向后甩，左手往上屈臂亮撑架掌，目视前方。（图 125）

图122

图123

图124

图125

五路第十一手　右仆步

挽反云手，左脚前跳，右脚下插成右仆步，右勾手甩落在右腿上方，左手在右肩前立掌，目视前方。（图 126）

五路第十二手　双抱拳

身体立起右转左腿独立，右腿屈膝上提，双手上架相合后，再往下分开，抱拳于两腰际，目视前方。（图 127）

五路第十三手　马口掌双推

右脚上前成右弓步，双虎掌向前推出，目视前方。（图 128）

五路第十四手　左插仆步

正云手，右脚前跳，左脚上前下插落地成左仆步，左勾手同时甩落于左仆腿上方，右掌立于左肩前，目视前方。（图 129）

图126

图127

图128

图129

五路第十五手　开天手

左脚收回左腿屈膝上提，双手往上架起，目视前方。（图 130）

五路第十六手　双推掌

双手分开到腰际抱掌，左脚前落成左弓步，两手虎掌再向前双推出，目视前方。（图 131）

五路第十七手　剁掌

左腿屈膝提起，左手裹手上架。（图 132）

左脚前落地成左弓步，右手向前剁掌打去，左掌立于右臂内侧，目视前方。（图 133）

图130

图131

图132

图133

五路第十八手　顺掌

身体微右转，双腿变成马步，右手前抓勾手屈臂回拉，左手顺掌向前推击，目视前方。（图 134）

五路第十九手　过趟子

身体右转车过面来，右脚落地独立，左腿屈膝上提，右手屈臂立掌角膝于左膝上，左勾手向后甩，目视前方。（图 135）

五路第二十手　趟子跳手

左脚前跳落地，右脚上前成弓步，左勾手向后甩，右手往上撑架亮掌，目视前方。（图 136）

五路第二十一手　过趟子

身体左转车过面来，右脚独立，左腿屈膝上提，右手屈臂立掌角膝于左膝上，左勾手向后甩，目视前方。（图 137）

图134

图135

图136

图137

五路第二十二手　跑跳过单趟子

左脚跳步上前落地，右脚上前成右弓步，左勾手向后甩，右手屈臂架亮掌，目视前方。（图 138）

第六路　吕布倒上桥

六路，计有二十七手。

六路第一手　剁腿

左腿独立，左手摆至头左后上方屈臂上架掌，右手往体右下速甩成勾手，右脚向前上方踢击，目视前方。（图 139）

六路第二手　滚挂腿

右脚落地，挽正云手。左腿独立，右脚向体前上方挂腿踢击，同时双手拍击右脚背面，目视前方。（图 140）

图138

图139

图140

六路第三手　沉身收腿

左脚收回身体向下蹲伏，左勾手向下甩，右手屈臂上架掌，目视左侧前方。（图 141）

六路第四手　左射腿

右腿独立，身体立起，左脚向左侧上方射腿踢击，右手于头右上方屈臂上架掌，左勾手甩于身体左侧后下方，目视左前方。（图 142）

六路第五手　翻身二起脚

身体左转、左脚收回点地后涉步上跳，右脚蹬地腾空向上跳起踢击，右手拍击右脚背面，目视前方。（图 143）

六路第六手　角膝

左腿独立，右腿屈膝上提收回，左手屈臂立掌角膝于右膝上，右勾手后甩落于身体右后下方，目视前方。（图 144）

图141

图142

图143

图144

六路第七手　拗探马

右脚上前落步成右弓步，左手向前推掌，右手屈臂架于头右侧上方，目视前方。（图 145）

六路第八手　十字腿

左勾手甩后，右腿独立，左脚向上踢击，右手在空中拍击左脚背面，目视前方。（图 146）

六路第九手　过趟子

左脚落地独立，身体左转侧过面来，右腿屈膝上提，左手屈臂立掌角膝于右膝上，右勾手后甩，目视前方。（图 147）

六路第十手　单趟子跑跳

右脚跳步向前落地，左脚上前成左弓步，右勾手向后下甩，左手屈臂撑架，目视前方。（图 148）

图145

图146

图147

图148

六路第十一手　剁腿

身体右转车面过来，右腿独立，左勾手向后下甩，左脚上前向上踢击，右手拍击左脚背面，目视前方。（图 149）

六路第十二手　滚腿

左脚落地独立，右脚在体前踢外摆腿，右勾手向后下甩，左手在空中拍击右脚背面，目视前方。（图 150）

六路第十三手　沉身收腿

右脚收回落地沉身，右勾手甩于身体右后下方，左手屈臂上架，目视前方。（图 151）

六路第十四手　左射腿

右腿独立身体右转，左脚向左侧上方射腿踢击，左勾手后甩，右手屈臂上架掌，目视右侧前方。（图 152）

图149

图150

图151

图152

六路第十五手　翻身左钻跳腿

左脚收回再跳起，身体向右翻转，左脚空中踢击，右手随之在空中拍击左脚背面，目视前方。（图 153）

六路第十六手　角膝

右腿独立，左腿下落屈膝上提，左勾手后甩于身体左后下方，右手屈臂立掌角膝于左膝上，目视前方。（图 154）

六路第十七手　拗探马

左脚上前成左弓步，右立掌向前推出，左手掌上架于头左后上方，目视前方。（图 155）

六路第十八手　十字腿

左勾手向后甩，左腿独立，右脚向上踢击，右手在空中拍击右脚背面，目视前方。（图 156）

图153

图154

图155

图156

六路第十九手　过趟子

右脚落地独立，身体向左侧过面来，左腿屈膝上提，右手屈臂立掌角膝于左膝上，左勾手向后甩，目视前方。（图 157）

六路第二十手　单趟子跑跳

左脚落地，右脚上前成右弓步，左勾手向后甩，右手屈臂上架掌，目视前方。（图 158）

六路第二十一手　角膝滚身

身体左转车过身来，右腿独立，左腿屈膝上提，左手屈臂立掌角膝于左膝上，右勾手后甩落于身体右下方，目视前方。（图 159）

六路第二十二手　双甩手

左脚上前落地，右脚向前上步身体成左弓步，同时双勾手往下甩落到身体左后下，目视前方。（图 160）

图157

图158

图159

图160

六路第二十三手　插步双丢

左脚插于右腿后，双手由左下往上摆落到右侧击打，目视双手方向。（图 161）

六路第二十四手　左弓步云手

身体向左转身过来，左脚回撤成左弓步，双手做正云手，右勾手向后甩下，左掌屈臂上架，目视前方。（图 162）

六路第二十五手　双顿步

身体微向左转身，右脚上步与左脚靠拢，身体半蹲，同时右手由下随转身向右上方屈臂架掌，左勾手下落甩于身体左后下方，目视前方。（图 163）

六路第二十六手　角膝

身体左转，右腿独立，左腿屈膝上提，左手屈臂立掌角膝于左膝上，右勾手后甩于身体右下方，目视前方。（图 164）

图161

图162

图163

图164

六路第二十七手　正单鞭

左脚于左前方下落成马步，左手向左侧推掌，右掌屈臂架于头右侧后上方，目视左掌前方。（图 165）

身体左转归于正面，右脚与左脚并拢。（图 166）

收势。

图165

图166

（演练：胡柏树）

代表性传承人略传

臧重光

男，1946年9月16日生于湖北省天门市胡市镇，天门市武术气功一级教练。

自幼拜孙祥官先生为师，系统、全面地学习了武当七星活气功、武当唐手、少林洪门拳法、水浒门拳法器械和中医跌打损伤。

经常侍奉在恩师身边，习武学艺。还常常跟随恩师上山采药、济世救人，见证了先师传艺授人、悬壶济世、问诊疾苦的坎坷一生。

经恩师准予，1978年在胡市街开办武馆和伤科诊所，1981年被聘到汤池孙湾教武一年。后回到胡市和师弟胡柏树、孙阳平一起开办南北武术馆三年。

来自本省京山、应城、安陆、天门、汉川、仙桃及全国各地的学徒达数百人之多，1985年被聘到汉川彭家咀教学一年。后一直在胡市街开设伤科门诊及授徒传武至今，誓将先师所授功夫和医术努力传承和光大。

胡柏树

男，生于1947年6月，湖北省天门市胡市镇人，天门市武术气功一级教练。

自幼爱好武术，拜恩师孙祥官为师。在师父的精心传授下，习练了七星活气功，少林太子罗汉功，熊门秘传总堂、二堂、三堂、四堂、太乙金刚拳，五堂、六堂、七堂、八堂、九堂、十堂拳法，以及少林洪门功夫、水浒门拳术、对练、器械等。

在京山杨峰教武一年，接着在应城南院教授武术两年，在应城汤池教武两年，还经常和师父挖草药代诊、代武艺教场。

1988年和师兄臧重光、师弟孙阳平在胡市开设南北武术馆三年。

现一直在胡市开设武馆，传授武艺至今。

孙阳平

男，1962年5月出生。湖北省天门市，胡市镇人，天门市武术气功一级教练，天门市武术气功协会胡市分会副会长，武当熊门唐手功夫天门培训基地主教练。自幼拜恩师孙祥官为师，系统地学习武当熊门唐手、少林洪门、水浒门等各种拳术、器械、对练，习练了武当七星活气功、少林六合混元气功和中医伤科等。1985年在家创办少林武术馆达四年。1988年和师兄臧重光、胡柏树开办南北武馆达三年，收徒几百人。又先后到河南嵩山少林武术学校任教，河南平顶山少林寺武院任教，河南叶县少林武院任教。回湖北后，又到汉川韩集、胡市大兴、胡市蒿台、九真周场、天门皂市等地传授武功，教徒达三十多年。授徒达几千人，直到现在一直以教徒和开设中医跌打损伤门诊为业。

孙祥安

男，1956年12月生，湖北天门胡市人，天门市武术协会胡市镇分会理事，武当熊门唐手、七星活气功传承人和教练员。

1973年拜本地著名拳师孙祥官为师，学习武当熊门唐手、少林洪门、水浒门及武当七星活气功等拳术器械、武术气功等，兼治跌打损伤。

在跟师父学艺期间，恩师耳提目命，悉心传授。弟子寒暑不辍，刻苦练习，尽得恩师之真传。七年之久，功夫大成。

1980年，为光大本门武学，传播熊门唐手，外去京山市设场教拳。授艺期间，朝夕揣摩，注重功夫与实践融会贯通，功夫日益精进。与人切磋，皆佩服而去，由是名声鹊起。

1981年至1990年，行走江湖，以武会友。同时，悬壶济世，为病友们医治跌打损伤等。六年之后，返乡创办跌打损伤诊所，传授武当熊门武学，并在网上传播本门武学视频，收授门徒，学员遍及北国南疆，如内蒙古、重庆、福建、贵州、湖北等地。

2018年第七届武当国际演武大会，演练的武当熊门连枷棍荣获优秀奖。